黑色大陸獨樹一幟的生存智慧

非洲的智慧

沐濤、張忠祥　著

U0084521

前言 FOREWORD

黑色大陸的獨樹一幟生存智慧

黑人是非洲三大人種之一（另外是白人和黃種人），他們主要生活在撒哈拉以南的非洲地區（通常稱之為「黑非洲」）。因為他們的體格特徵是膚色都呈黑色或較黑，頭髮一般呈螺旋狀捲曲，鼻翼較寬，嘴唇較厚，並且往往向外翻捲。在過去很長的時間裡，包括在現在某些人的頭腦中，常常存在對黑人的種族偏見。他們總認為黑人極其落後、原始，沒有創造出什麼文明。既然如此，何來「智慧」可言呢？

德國著名的哲學家黑格爾在《歷史哲學》一書中，曾武斷地認為：非洲本土「不是一個歷史的大陸，它既沒有顯示出變化，也沒有顯示出發展。」黑人沒有「通達哲學的能力」，因為「黑人的精神意識十分微弱；或者更確切地說，根本不存在。」他由此得出這樣的結論：黑人「既不能進步，也不能教育。正像我們所看到的，他們從來就是這樣。」

本世紀的歐洲學者戴維·休姆也認為：「他們沒有精巧的製成品，沒有藝術，沒有科學。」科特利普更認為：「和白種人的文明毫無相似之處，只能像猴子學人似地進行模仿。」類似的言論不勝枚舉。然而，事實果真如此嗎？我們的答案自然是否定的。

早在五百年多前的十五世紀，一批來到西非沿海的葡萄牙人發現當地黑人使用的器皿非常精緻，上面雕有各種花紋，便

要求工匠們用象牙也為他們製作一些，帶回歐洲販賣。這是歐洲人首次直接從黑非洲定購商品。黑人工匠們為葡萄牙人生產的產品有胡椒瓶、鹽罐和盤子等，每一件都製作得非常精巧，上面刻有人或動物的圖案，鹽罐的蓋上刻的是帆船的模型。這些物品一直保留到現在，成為稀世之寶。在今日梵蒂岡的博物館裡，還保存著許多當年從非洲定購的雕花喇叭、帶蓋盤碟、鹽罐和餐具等。

自十八世紀末開始了對非洲內陸的探險活動之後，黑人身上許多不為人知的東西漸漸被世人知曉，在歐洲人當中流傳的黑人大鬍子妖怪和腦袋長在肩膀下面的說法開始失去了踪影。但是，由於當時黑奴貿易的盛行，把黑人看成是低人一等的謬論仍得不到肅清，甚至還有所發展。最突出的例子是荷蘭博物學家彼得‧坎珀（一七二二～一七八九年），他在測量人的頭蓋骨時，引進了「顏面角」的概念，認為猿、黑人和歐洲人之間的顏面角有一定的連貫性，黑人的顏面角處於中間的位置，但更接近於類人猴。他由此得出黑人比歐洲人天生來得笨的結論。當時不少詞典都把黑色的意義解釋為陰暗、悲慘、凶惡。

十八世紀的畫論則強調黑色是一切顏色的虛無。今天，對黑人歧視的種種理論雖然被事實一個個推翻，黑奴貿易也被禁止達一個世紀了，但歧視黑人的思想仍或多或少地存在於某些人的腦海中。認為黑人是沒有智慧，是不能獨立發展，這些就是對黑人的偏見所表現出的現象之一。

坦率地講，與其他大陸相比，非洲的社會發展的確還處於一種落後的狀態，某些方面差距還很大。這是一個不爭的事實。非洲的落後是由多方面因素決定的，其中之一就是惡劣的自然環境。

黑非洲面積為二七○七萬平方公里，占非洲總面積的化。

由於赤道橫貫中部，使熱帶和亞熱帶地區特別廣大）成為世界上最熱的地區。黑非洲的北面是出了名的撒哈拉沙漠，南面是卡拉哈里沙漠，兩大沙漠的存在阻礙了黑非洲的對外交往，是所在國家人口稀少、發展落後的重要原因。東西沿海，陡崖眾多，斷裂地形廣泛發育。這是侏羅紀末期（約一‧三億年前）非洲陸塊與南美陸塊分裂時地殼斷裂的產物。斷裂地形最具代表性的是東非大裂谷。它長約四千公里，被稱為「地球表面最大的傷疤」。裂谷的寬度一般為五十～六十公里，深度為一千～二千米。裂谷邊緣常常是陡峭的懸崖，有的高達數百米。這種地形給現代東非地區的鐵路、公路建設帶來很大的不便。❶黑非洲地形多高原和有斷裂帶，河流多呈輻射狀，多激流、瀑布的特點，阻礙了非洲內河航運業的發展，不利於沿河居民文明的交流。受非洲大陸塊狀結構的影響？黑非洲海岸線比較平直，缺少天然的優良港灣，岬角、半島和沿海島嶼也較少，近海漁業資源貧乏。由於大西洋遼闊的洋面以及它一年四季刮著向南吹的信風（貿易風），由高緯流向低緯的寒流，使非洲西海岸的居民無法靠簡陋的獨木舟逆風北行，形成長期與世隔絕的狀態。

　　氣候方面，黑非洲絕大部分地區一年有數個月可以受到太陽的垂直照射，除了南非頂端及局部山區之外，95％以上地

---

❶ 不過，東非大裂谷在古代卻對非洲各族人民的遷徙和定居起了重要的作用，是各個歷史時期的人口薈萃之地。因為裂谷底部寬度較大，大部分呈現為寬闊的平原，植被茂盛，再加上裂谷帶集中了非洲的大部分湖泊，共 30 多個，包括著名的維多利亞湖、坦干伊加湖、馬拉維湖等，因此，這裡魚獸眾多，是高級哺乳類動物較理想的棲息地帶。二十世紀五〇、六〇年代考古學家在大裂谷地區發現了大批人類早期的化石。

區，年均氣溫在攝氏20度以上。氣溫高是黑非洲氣候的第一大特徵。一月是北半球最嚴寒的季節，但這裡卻不存在，由赤道至北緯15度的地區，平均氣溫仍在攝氏20度以上，其中幾內亞灣沿岸、剛果盆地北部及東非沿海低地可達25度以上。與炎熱的夏天相比，這些地方此時進入了涼季。但在赤道以南的非洲正值盛夏，卡拉哈里盆地、中非及東非沿海低地可達30度以上，東非高原、南非高原等地勢較高的地區，氣溫一般在攝氏20、25度之間。進入七月，赤道以北，除了衣索匹亞高原、喀麥隆高原之外，其餘地區都在25度以上。赤道以南的非洲卻進入涼季，氣溫由北往南逐漸降低，南回歸線的高地多在5、10度之間，最低的可達5度以下。但剛果盆地南部、坦尚尼亞中部沿海因緯度低和地勢不高，莫三比克沿海因受「莫三比克暖流」的影響，這些地區氣溫仍在20度以上。

降雨量分布不約是黑非洲氣候的又一大特徵。非洲是個缺水的大陸，可是，有些地方又常常洪滿成災。非洲年降雨量呈從赤道向兩側）隨緯度增高而減少的特點。在南北緯5度附近，年降水量最多，稱「赤道多雨帶」，年降雨量在一五○○毫米以上，是世界上年降雨量最多的地區之一。在南緯5度以南的大部分地區，年降雨量多在五百～一五○○毫米之間，自東向西，逐漸減少，到納米比亞和南非的西部，降至二五○毫米以下，大西洋沿岸則不足二十毫米。北緯5度至撒哈拉的南緣，年降雨量從一千毫米降至五百毫米。

黑非洲的降雨還呈季節分配明顯、年際差別大的特點。赤道多雨帶是一個雨量充沛、季節分配較均勻的地區。但在其南北兩側地區，各存在一個陣雨集中的雨季，雨季的長短隨距赤道的遠近而不同，即離赤道愈遠，雨季就愈短。雨季通常出現在夏季（當地又稱熱季）前後。例如，赤道以南的東非地區，

每年受東南信風和東北信風的影響，在三～五月和十～十二月分別形成兩個雨季，其餘的月份則是滴雨不見的旱季。每當年降水量連續幾年都低於平均年降雨量時，不可避免地就會帶來嚴重的旱災。上世紀七○～八○年代，非洲許多地區就曾發生持續多年的旱災，造成人畜大批死亡。

高溫無冬氣候、廣闊無垠的熱帶草原及其豐富的動植物資源，為黑人最初的生存發展提供了十分便利的條件。但是，高溫和乾旱也給黑人文明的發展帶來了許多消極面，如各種病蟲害較多，存在許多像黃熱病、瘧疾等熱帶疾病，以及「臭名昭著」的萃萃蠅（萃萃蠅只存在於非洲大陸，它有毒液，可輕易叮死一隻大黃牛，人被叮了會呈現昏睡症）。由於萃萃蠅的存在，大牲畜（馬、牛等）根本無法引進定居的農業村社地區，從而嚴重阻礙了黑非洲對役畜的使用，如梨耕、馱運、拉車等。萃萃蠅叮了人之後，又將病毒傳給了人類，使患者從發高燒、淋巴結腫大，發展到精神倦怠和嗜眠（即昏睡病），嚴重者就會長眠不醒。另外，熱帶土壤的物理和化學風化強烈，有機質和礦物質分解迅速，並且土壤結構性質差，易於流失，肥力低下。為了有效保護土壤植被，黑人被迫採用了休耕和鋤耕的農業生產方式，不敢使用能深翻土地的犁耕。這種為順應自然條件而被迫採用的落後生產方式，是黑非洲農業長期停滯不前的原因之一。

因此，在這種惡劣的自然條件下，黑人各族首先尋求的是如何適應自然，求得生存。黑人種族體格特徵的本身就是適應自然的一種表現。例如，黑人皮膚中之所以含有很多黑色素，主要是因為黑色素有強烈地吸收紫外線的能力，能起到使皮膚裡面的結構免遭紫外線傷害的作用。黑人還有較完善的泌汗能力，他們的汗腺比其他膚色的人種多，毛孔大，散熱快，體溫

調節，使皮膚變冷的能力強。此外，黑人寬闊的口裂與厚嘴唇，能增大口腔的蒸發表面。有助於冷卻吸入的熱空氣；黑人的鼻子短、鼻孔大，有助於增加體內熱量的排出；黑人鬈曲的頭髮又是防禦熾烈陽光的一種很好的不導熱絕熱體，鬈髮在頭頂形成一個多孔隙的帽狀物，起到一定程度的隔熱作用。

當生存的問題解決後，黑人充分發揮了自己的智慧，在生產方式、社會組織形式和文化藝術等方面獨闢蹊徑，形成了不同於世界其他地區的發展模式。在近代反對外來人入侵的過程中，黑人各族也積極探索有效的反抗形式，在敵強我弱的情況下，取得了多次反殖民鬥爭的勝利。

本書因受時間和個人能力的限制，作者在此只是對黑人的生存智慧和發展智慧做了一些初步的探討，涉及到黑人的宗教、經濟、政治、軍事和文化藝術。如有不當或不夠之處，祈望專家不吝賜教。

書中第一和第五章由張忠祥、沐濤共同執筆，第二、三、四和第六章由沐濤執筆，最後由沐濤統稿、定稿。本書在成文的過程中，曾得到林在勇先生的幫助。如果沒有他的多次敦促，本書斷難最終完成，在此謹向他表示真切的感謝。

目錄 CONTENTS

Chapter 1
尋求生存的精神力量

　　宗教是人類特有的現象，它既不同於一般簡單的鬼神迷信，也不同於其他系統的社會意識，而是現實世界在人們頭腦中被顛倒的反映。在這種反映中，人間的力量採取了超人間之力量的形式。

　　在黑非洲，最典型、信仰最廣泛的宗教是黑人的傳統宗教。它同擁有大量經典、眾多廟宇和僧侶的佛教、基督教、伊斯蘭教相比，顯得有些「原始」，因為黑人的傳統宗教「沒有書面經文可供人們查閱，沒有古代的祈禱文提供早期的情況，也沒有古代的讚美詩及禮拜儀式的文字記載。」❶即使偶爾有廟宇，也是很小的，更談不上富麗堂皇。事實上，黑人的傳統宗教並不是人們想像的那麼簡單。因為，沒有書寫的經文，並

---

❶　（英）帕林德著，張治強譯：《非洲傳統宗教》，商務印書館，一九九二年，第14頁。

不意味著黑人的傳統宗教沒有悠久的歷史。他們的經文是通過口頭代代相傳的。比如，在某些非洲人的祭祀上，現在仍使用一種祕密語言，或稱其為「禮儀語」。有人查明，這種已經不用於其他目的的禮儀語曾是祭祀發源地的方言。可見，沒有文字的民族有著特別驚人的記憶力。他們通過這種代代相傳的祕密語言，保持著祭祀的一貫性。

黑人的傳統宗教不僅歷史悠久，而且內容豐富，既與世界其他地區的史前宗教有相似之處，如祖先崇拜、自然崇拜、圖騰崇拜等等，又具有獨特性。它是非洲黑人在與自然進行抗爭時不可缺少的智慧力量，也是黑人豐富的智慧在精神領域的反映。因此，有「非洲異教，即古代非洲人的智慧」一說。

祖先們雖死猶生

「崇拜祖先」是黑人傳統宗教的重要內容。非洲黑人對死去的祖先非常崇拜。有人稱：「非洲諸民族的宗教最典型、最引人注目之形態，莫過於祖先崇拜……非洲堪稱祖先崇拜的『古典地區』。」❷在黑非洲，無論是農業部落，還是畜牧部落，幾乎都盛行祖先崇拜。直到今天，仍有許多黑人，尤其是那些住在偏僻村莊的老年男女，如果覺得沒有祖先的存在和祖先的能力，他們每天，甚至每時每刻都會感到生活毫無意義。

黑人對祖先的頂禮膜拜是與他們獨特的靈魂觀聯繫在一起的。黑人的靈魂觀比較複雜。有些黑人認為靈魂近似宇宙中的

---

❷ （俄）謝・亞・托卡列夫著，魏慶徵譯：《世界各民族歷史上的宗教》，中國社會科學出版社，一九八五年，第一五五頁。

活力，它使軀體具有生氣，充滿活力。當某種巫術或肉體的死亡把靈魂從軀體中分離出來時，軀體便隨之死亡。有些黑人認為靈魂與呼吸息息相關，靈魂寓居在嘴裡或鼻子裡，人一旦死亡，靈魂就離開肉體。此外，還有些黑人認為靈魂與影子密切相關，因為人一旦死亡，影子也隨之消失，而屍體沒有影子。在某些黑人部落裡，相信靈魂在夢中會四處漫遊。因此，不可突然驚醒正在酣睡的人，否則他的靈魂就不能及時返回原來的身體裡面。

儘管非洲黑人的靈魂觀很複雜，但他們都認為，人一旦死亡，靈魂便離開軀體，進入亡靈世界。祖靈離在世者不太遠，並時刻關注著原來的家族成員之健康與繁衍。如果你崇拜祖靈，並且經常去祭祀，它就會保佑你；如果怠慢它，就會遭災惹禍。疾病、死亡和無兒無女是祖先之靈經常採用的懲治不肖子孫的手段，嚴重者甚至會引發乾旱、飢荒及地震。所以，非洲黑人非常崇拜祖先，他們定期舉行宗教儀式，祭祀祖先，祈求祖先的保佑。

赤道以南非洲的班圖人對祖先之靈頂禮膜拜，他們在一切重要場合首先想到祖先，並向祖先祈求佑助。比如，班圖人出生、婚嫁、患病和家庭大團圓時，要向祖先膜拜，祈求保佑。祈雨、插種、收穫、捕魚、狩獵和打仗時莫不如此。

西非豐族人認為，祖先之靈過著同人間一樣的生活，也會感到飢寒。但死者的習慣和活人相反，如走路往後退、把夜晚看成白天等。為了讓夜間來訪的死者找到食物，不能把飯吃得精光，也不能在天亮前洗滌餐具。

迦納的古昂人認為，祖先之靈隨時都在身邊。他們在飲酒前會先往地上酒一點酒，吃飯前也先放一口飯在地上，表示對祖先的奉獻和尊敬。

為了撫慰祖靈，為了向祖靈求助，就得向祖靈獻祭。奈及利亞的伊格博人每隔一段時間，要向祖先奉獻祭品。迦納的阿散蒂人每三周祭祖一次。他們認為祖先之靈與祖先用過的小凳息息相關，所以把祖先用過的小凳視作祖靈的體現，對其進行祭祀活動。祭祖儀式開始，先將水酒在地上，以示給祖先「洗手」；然後在每張小凳前擺上盤子，盤子裡盛上酒、芋頭和芭蕉等食品，作為冥食。有時還獻祭綿羊，用羊腸抹凳面和四周。對於這些祭品，通常是在祭祀儀式結束後，分給大家痛痛快快地吃掉。

　　黑人祖先崇拜的具體內容反映了他們的社會發展狀況。也就是說，在不同的社會發展階段，祖先崇拜有不同的內容。在氏族社會，祖先崇拜是對氏族祖先的崇拜。伴隨著個體家庭分離出來，祖先崇拜被賦予了家庭形態，祖先之靈被認為能給予本家、本族保佑。進入部落聯盟和國家的早期階段，就出現了對整個部落和國家的祖先崇拜。在此階段，祖先崇拜的儀式更加複雜，規模更大，祭品更多，甚至發展成殘酷的人祭。

　　對祖先的崇拜是黑人原始宗教的重要內容，它雖然不是科學的觀念，但是，在某種程度上，它有利於鞏固家庭、家族、部落社會的團結和和諧。因為死去的祖先能保佑其後裔，只有家長才有權向祖靈求援，所以家庭成員必須服從家長。同樣地，同一部落共同崇拜部落的祖先，那麼部落成員之間也應互相團結，互相幫助。推而廣之，同一王國裡的成員也應如此。所以，黑人團結互助的傳統在某種程度上與祖先崇拜有關。對祖先的崇拜還可以引申為對老人、長者的尊敬。此外，由於對祖先的敬畏，很多災禍被歸因於祖先震怒，因而造成對自己的行為有所顧忌，自然而然形成一種行為規範和約束，有利於社會的穩定和良好社會秩序的形成。

自然萬物有靈論

相信自然萬物與人一樣有靈，進而對其崇拜，幾乎是人類一個共有的現象。尤其是在人類的早期階段，當生產力水平發展還比較低下，不足以提供足夠的生存食糧，人們還不能理性地認識自然、解釋自然時，自然界中的許多事物及其表象在人們心靈中就占有非常特殊的位置。黑非洲是一個自然條件非常惡劣的地區，為了生存下去，有時還想活得更好，黑人對自然崇拜的程度與世界其他地區相較，就顯得特別深。由於黑人各部落賴以生存的地理環境有所差異，他們崇拜的自然物彼此也不盡相同。比如，山區部落大多崇拜山神；沿海、沿湖部落則普遍崇拜水神。但是，大地、日、月、雷、風，幾乎是所有黑人共同崇拜的對象。

對大地（或地神）的崇拜出於人的本能。人要生存，就離不開食物，而食物是由土地提供的。所以，黑人為了祈求豐收，就通過各種祈禱儀式，向地神表示感激，希望地神給予更大的恩賜。他們在耕地前，先用犧牲向地神獻祭，因為擔心翻耕土地會觸犯地神。查德境內的塔爾人播種前要向大地獻祭，他們建有土地廟，專門供奉地神，耕作前須由土地廟守護者開第一犁。用活人向土地獻祭在許多黑人部落中存在過，他們認為這樣會獲得更大的豐收。許多地方在收獲莊稼後也向大地獻祭，以報答地神的恩賜。這種崇拜儀式一般用土地上收獲的果實作為祭品，同時輔之以歌舞等內容。奈及利亞的伊格博人在收獲之後向地神阿臟獻祭，老祭司代表大家給阿臟送去祭品並禱告：「您的孩子給您送來了椰酒，請保佑他們及其田地。請不要讓他們遭受不幸。」阿散蒂人崇拜的地神是一位女性，她的聖日是星期四。所以，他們每星期四禁止在地裡幹活，以免

驚動地神；耕種之前和收獲之後都要向地神獻祭——後者是用收獲物、酒作祭品。

當土地長出新的穀物時，在非洲許多地方，不得馬上食用，必須在舉行某種儀式之後才能享用。例如，在南部非洲貝專納人中有一條不成文的規定：吃新穀物前必須潔身。潔身儀式在本族的大廳裡進行，所有成年男子都參加。他們每個人將黎蘿擇（Lerotse，一種介於南瓜與葫蘆之間的植物）的葉子揉碎後擠出來的汁液塗抹全身，以此潔身。塗抹之後回家，集合全家成員，人人都抹上這種汁液。等全部成員都清洗完了，才能食用新穀物。南非科薩人中也有類似的習俗。他們在新年，即公曆十二月底或一月初，舉行一個盛大的節日慶典之後，才食用新穀，認為在此前如食用了新穀，就會招災惹禍。這種不得馬上食用新穀的習俗是與生產力水平較低，食物供給不足相聯繫的。只有通過這種人為的約束，才能將有限的食物進行平均分配，細水長流，保證最低水平的供給。否則，如果新的穀物收獲之後，人們便馬上大吃大喝，很快就會面臨飢饉，甚至會餓死人。

「上有天，下有地。」大地提供了賴以生存的食物，人們不可避免地會對宇宙空間和自然現象產生興趣。因為天體運行的諸現象廣泛而深遠地影響著人們的生活，使人們對其產生極大的敬畏感，進而發展到崇拜。黑人各部落對日、月的崇拜很普遍。伊格博人認為太陽是至高神之子，他們設有專門供奉太陽的聖地。見到新月時，他們會舉起雙手說：「新月，請像上個月的月亮那樣保佑我吧！」

南部非洲的布須曼人為了求得獵物，經常向月亮祈禱：「月亮啊！你高高在上，明天幫我殺死一隻羚羊吧！讓我吃一頓羚羊肉！保佑我用這隻箭射死羚羊……」對風暴、閃電和霹

靈的崇拜也較為普遍。許多地方建有風暴神的廟宇，其祭司位居眾祭司之首。伊格博人每當收穫洋芋頭之前，要在聖地舉行崇拜閃電神的儀式，通常是殺雞獻祭。

此外，許多住在山下的村民崇拜山神，並且把山神當作他們信奉的主神。由於山巒的高聳雄偉，難以接近，人們往往把奇峰峻嶺當作通天之路和神靈的住所。如東非肯亞和坦尚尼亞的許多民族都非常崇拜乞力馬扎羅山（非洲最高的山，號稱「非洲屋脊」、「非洲之王」），留下了很多有關該山的神化傳說。住在水邊的村民則崇拜水神。他們認為水是神聖的，水裡有精靈。他們在各種儀式上使用的水必須是未經燒煮的自然水，因為他們認為，水一經燒煮之後，就會殺死裡面的精靈，從而失去了靈性。努埃爾人崇拜河神「巴克」。當他們趕著牲口過河或大規模捕魚時，就把山羊、酒等祭品投進河裡，祈求巴克神的保佑，以免受鱷魚、水蛇的襲擊。沿海的約魯巴人崇拜海神奧羅坤。他們常舉行儀式安撫海神，以求大海風平浪靜。

對火的崇拜，世界各地都有過，非洲黑人也不例外。但黑人對火的崇拜延續的時間更長，直到今天，在某些地方還有此習俗。西非的奧萬博人把酋長臥室裡的火稱為「奧米洛·郭希隆哥」。它不能熄滅，該部落每家每戶的用火都取自酋長的聖火。在努科因人中，聖火由族長的主妻日夜守護。他們認為，只要聖火不滅並受到族人的崇拜，獵人和採集者就能找到足夠當天吃的食物。西南非洲的赫雷羅人也崇拜聖火，它被置放在頭人主妻茅屋前的祭壇裡一直燃燒，由主妻和她的子女日夜守護。顯然，這種對「聖火」的崇拜起到了維護酋長或頭人權威的作用，擁有「聖火」，成為部落領袖權威的一種標誌。

在黑非洲，許多動植物也被賦予靈性，受到人們的崇拜。

遊牧民族普遍崇拜自己飼養的牲畜。如赫雷羅人崇拜的是牛，其中精心挑選出的「聖牛」不得宰殺，只能讓它老死。有些黑人部落崇拜猛獸和爬行動物。因為猛獸經常危及人類和他們飼養的牲畜，所以容易造成對猛獸的敬畏心情，久而久之，遂形成了對它們的崇拜。崇拜較多的一種動物是豹。如在達荷美王國（今貝寧），豹被視為王族的圖騰，受到整個王國的人膜拜。從古代起，有關豹的藝術品就不斷出現，如銅鑄的豹全身像，豹的木刻像等。另外，布須曼人崇拜昆蟲螳螂，稱之為「恩戈」，意為「主宰」。他們在狩獵前先向恩戈祈禱：「主啊！你不疼我了嗎？主啊！賞給我一匹公角馬吧！我很想飽飽吃一頓！」在祈禱中，當螳螂轉動其頭部，則預示狩獵可能滿載而歸。他們甚至把它看成是萬物的創造者。

以農業為主的部落主要崇拜植物。許多村莊都有一棵被視為當地守護神的聖樹，樹下往往放幾個瓦罐，或用籬笆將其圍起來；有的還在樹的旁邊建一間小廟。從塞內加爾到尼日的廣大西非地區，人們普遍崇拜又高又大的木棉樹，認為它是神和精靈的住所。東非的蓋拉族人認為樹神能保佑莊稼豐收，所以，他們經常成雙成對地手持木棍，夾著青綠的玉蜀黍或青草，圍繞神樹跳舞。剛果河流域的黑人崇拜一種名叫「米隆」的樹。人們把它種在房前屋後，希望它能驅邪避病。

黑人崇拜的自然物都與他們的生產或生活息息相關，表面上看比較原始，但並不簡單。從其崇拜對象之多、功用之大而言，黑人的自然崇拜又是極為複雜的。在自然崇拜的背後隱藏著黑人重視人與自然之關係的一面。他們崇拜的對象也不是一成不變的，隨著生產方式和生活習慣的改變，也會發生變化。如遊牧民族一旦步入農耕社會，就會改變原來的崇拜對象。

祈求圖騰的佑助

「圖騰」一詞源於印第安人的方言ototeman，意為「他的親屬」、「他的標記」。圖騰指被同一氏族的人奉為祖先、保護者和團結標記的某些動物、植物或其他物體。

對圖騰的崇拜歷史悠久，大約產生於從蒙昧時代中期向晚期轉變的過程中，與氏族的產生緊密相連。在黑非洲，氏族制度的次生形態一直保留到現代，因此，黑人的圖騰崇拜尤其普遍，構成黑人宗教觀中一個重要的組成部分。黑人各族對某些與他們的生活關係密切的動植物常常感到神祕莫測，或因不可缺少而崇拜，或因畏懼而敬畏，導致他們認為某一物體為他們氏族的淵源，與本氏族間存在著某種血緣聯繫。這種觀念代代相傳，成為黑人原始宗教中的信仰之一。被崇拜的圖騰最常見的形式是半人半獸狀，有的是人頭獸身，有的則是反過來。

黑人圖騰崇拜的對象多數為動植物，尤其以動物最多。他們以圖騰動物命名自己的氏族，並且禁止食用圖騰動物。多哥境內的迪埃部落有十個氏族，分別以巨蟒、鱷魚、狗和青蛙為圖騰；貝·格里貝爾部落的兩個氏族分別以蛇和地鼠為圖騰；迪克尼部落的三個氏族分別以棕櫚鼠、狗和　鼠為圖騰。南部非洲茨瓦納人各族崇拜的圖騰分別為鱷魚、猴、水牛、象、豪豬和獅子等。南非和東非的遊牧部落中，圖騰多為家畜。例如，南非的巴托卡人奉牛為圖騰。除了許多動物圖騰外，有些部落以植物為圖騰。如東非萬尼卡人的圖騰多為椰子樹；盧格巴拉人奉蘑拮為圖騰；馬賽人崇拜無花果樹。還有的圖騰既非動物，也非植物，如烏干達的安科累人以鼓為圖騰；多哥的阿克波索部落中的一支以小刀為圖騰；巴羅朗人的圖騰則是一支鐵錘。

黑人各族視其崇拜的圖騰為近親，稱它為「祖父」、「父親」。他們篤信其氏族即源出於他們所崇奉的圖騰。既然圖騰與自己是近親，同出於一宗，所以要保護圖騰、敬仰圖騰。由此產生了許多禁忌。禁忌的內容有：諱名、禁止觸摸、禁止食用、禁止詛咒、禁止信奉同一圖騰的人通婚等。對違犯圖騰禁忌者的處罰通常是向圖騰獻祭和懺悔，甚至處以酷刑。以椰子樹為圖騰的東非萬尼卡人嚴禁毀壞椰子樹，認為毀壞椰子樹就等於殺死自己的母親，因為椰子樹賦予他們生命和營養，正如母親對孩子一樣。南非的科薩人非常敬畏巨蟒，因為它不僅是一種令人害怕的大蟲，還能幫助他們消滅可惡的老鼠和其它害蟲，局部地維持生態平衡。所以，如果有人偶然弄死一條大蟒，無論是出於自衛還是其他原因，都得舉行清洗儀式，即認真地一連幾個星期躺在水中清洗自己的身體，然後將蟒的屍體小心地埋在牲口棚附近。這種懺悔的過程如同一哀悼亡人一樣。南非奉鱷魚為圖騰的巴魁納人相信，如果殺死一條鱷魚，肯定會招致雨水不順。巴通人以獅子為圖騰，他們禁止殺死獅子。如果在萬不得已的情況下殺死了一頭獅子，就會深深地悔恨。他們會用獸皮仔細擦眼睛，以求獅子寬恕，防止受到獅子的報復。

　　「圖騰崇拜」是在特定的社會發展階段出現的原始宗教的一種形式，也是社會經濟發展狀況的曲折反映。反過來說，它也能影響社會生產和人們的日常生活，甚至起到某些積極的作用。如通過對與自己生活密切相關的動植物的崇拜、保護，可以有效地維持當地的生態環境；信奉同一圖騰的人自認為是親屬，彼此有血緣關係，這種認同感有助於他們相互間的團結協作和互幫互助，從而有利於加強氏族和部落的內部團結與聯合。對圖騰的禁忌可以起到約束人們行為的作用。有時，人們

借助圖騰的威嚴，處理一些棘手的事情。如中非一個奉青藤為圖騰的部落，當發生殺人、盜竊，以及有關土地、房舍等較為重大的糾紛時，酋長就會召集各方當事人，摘來青藤的葉子，讓巫師念過咒語之後，給雙方嚼著吃。不敢吃或不敢吃下去的人即為理虧者。因為當地人認為，理虧的人吃了以後就會死去。臨場怯陣者就等於他心裡有鬼，案子也就水落石出了。南非的巴羅朗族也有類似的作法。發生糾紛，如果酋長難斷孰是孰非，他就會拿出珍藏的圖騰標誌，即鐵錘，讓雙方對著鐵錘發誓，然後理虧的一方將會受到神靈的懲罰。黑人用這種圖騰判決的方式達到管理社會的目的。

奉首領為神明

黑人崇拜的對象除了無數種自然物、圖騰和祖先的靈魂，還隨著階級社會的發展，逐漸產生對首領的崇拜，包括對部落酋長和國王的崇拜，將他們神聖化，奉他們為神明。

在黑人各部落裡，首領不僅僅是某一社會群體的首腦人物，而且兼負祭司和巫師之責，被認為具有超自然的非凡能力，造成一般民眾對其頂禮膜拜。安哥拉的卡贊貝人把首領奉為神在人世間的代表。他們相信，人們如果對首領稍有瀆犯，即刻就會有生命危險。為了表示對首領的敬畏，任何人都不得直呼首領之名。

有些地方，首領去世，要避諱稱死。這也是對首領敬畏的一種表現。如阿散蒂人的首領去世了，其臣民用隱語表達首領死去的意思——「房塌了！」「天黑了！」「大樹倒了！」「山崩了！」「升天了！」等等。在南非文達族，酋長的前半

生被視為半神。只有到了晚年或中年之後，當他發誓與所有女人斷絕性關係，並趕走自己的妻妾，跳一種莊重，演示他成為神的獨人舞，他才成為一個完全的「神」。

首領的權威建立在他「具有」種種超自然的能力上，其中最重要的是祈雨。黑非洲許多地方經常乾旱少雨，給人們帶來生存上的威脅。所以，祈雨與民眾的利益息息相關。久旱無雨，人們便渴望自己的保護神──酋長。希望他能發揮神力，與老天爺溝通一下，為他們帶來雨水。在維多利亞湖以南的烏蘇庫馬地區，首領的主要職責之一就是為其臣民確保風調雨順。假如首領祈雨無果，就意味著他已失職，不再是神的化身，此時他應當辭職。盧安戈的酋長也肩負同樣的職責。當旱季延續的時間過長時，其屬民便會紛至沓來，請求首領為他們呼風喚雨。在大家懇求下，酋長就舉行祈雨儀式，向天空施放「法箭」。東非的萬布圭人中，當首領帶大家向上蒼祈雨時，眾人以牲畜貢獻酋長，意為「通過酋長，奉獻給上蒼，求它迅速降下大雨。」而實際上，這些牲畜都成了酋長祈雨的報酬。久而久之，酋長就有了不計其數的牲畜。

祈雨的儀式場面很大，全部落的人一般都可以參加（有的把婦女除外），目睹酋長的「威力」。在南非巴曼瓜托族的祈雨儀式上，他們先從牛群中挑一頭無雜色毛的黑公牛，給它餵足水，然後將它宰殺，把牛肉切成一塊塊，放在籌火上烤熟。之後，由酋長第一個吃獻祭的牛肉，包含有「代表神先吃」的意思；再由在場的男女老幼，按先後次序，每人吃一口。吃完「聖餐」，酋長領唱「贊歌」，頌揚那些已故的酋長，然後代表大家向上蒼祈雨：「啊，老酋長，我們的祖先！我們來這裡殺牲求雨。」接著，眾人高唱：「雨！雨！雨！老酋長，天快

旱死我們了！我們是你的屬民，快降雨吧！」❸

在黑非洲的廣大地區，一年中的旱季和雨季通常是有規律的。赤道以南，有大小雨季之分，每年的三～六月是大雨季，十月份有一個小雨季，其餘月份是旱季；赤道以北，兩次降雨高峰基本合成一次四～十月的長雨季，十月至次年的三月為旱季。酋長祈雨，一般都是在上述規律失常的情況下進行，即在旱季之末和雨季應當來臨的日子，此時雨隨時都會有。因此，在這段時間，祈雨的「準確性」是比較大的。這無形中有助於提高首長的威望。

黑人既然將首領奉為神明，視首領為各種自然現象的執掌者，具有超自然的力量，那麼，酋長就應當是身強力壯、無病無災的人。當酋長失去這樣的條件時，他就可能招致殺身之禍。白尼羅河流域的希盧克人認為，一旦首領病了或老了，當他精力減退時，牲口就會得病，莊稼會在地裡爛掉，村民們將倍受疾病的折磨，死人將越來越多。為了防止這些災難的發生，希盧克人一旦發現他們的首領健康不佳或精力明顯衰退，就把他處死。丁卡人也不容酋長壽終正寢。他們認為，如果酋長自然死亡，這個部落就會遭受疾病和飢荒之苦，牲畜也不會繁殖。所以，一旦酋長感到體力不支，有衰老的跡象，他就要甘願為部落獻身，讓人將自己活埋掉。南非祖魯人在歷史上也有類似的習俗，當首領臉上布滿了皺紋或有了白髮時就要被處死。當然，有的首領十分留念人生，不願過早地被人處死。十八世紀七〇年代，位於奈及利亞西部的奧約國國王曾斷然駁回近臣請其「自裁」的要求，並宣稱他還能繼續造福於民。結果引起群臣對他的攻擊。但最終國王獲勝。他既保住了王位，也

---

❸ 前引（英）帕林德著：《非洲傳統宗教》，第 84 頁。

保住了自己的性命，還將此習俗從此在奧約廢除掉。

在實行軍事民主制的社會裡，首領儼然是統轄一切的主宰，臣民對他的崇拜成為強化其權勢、顯示其聲威的一種手段。在祖魯王國恰卡統治時期，祖魯人把這位開國君主抬高到和神一樣的地位，認為他的身體是神聖的，所有臣民都要對他必恭必敬地膜拜，對他阿諛奉承。在庫巴王國，國王既神聖又神祕。習慣法規定，國王是全族力量和幸福的化身，為避免受傷或戰死，他不能病死或老死，只能在壽終前被侍臣指死，然後按世襲繼承制，由其子女繼承王位；國王的腳不能觸地，吃飯時不能有女人在面前；國王打噴嚏或咳嗽時，周圍的侍臣必須誇張地做出同樣的動作。

此外，在實行軍事民主制度的部落社會裡，幾乎都有大規模祭祀已故君主的習俗，甚至進行殘酷的人祭，把奴隸和一些死囚殺死殉葬。古貝寧王國有陪葬的習慣，君主死後，其侍臣和近臣也有殉葬的義務。顯然，這是國王希望他們在陰間能繼續為他服務，是黑人有靈論的一個反映。

黑人傳統社會裡發展起來的對首領的崇拜，客觀上有利於社會群體的團結，因為大家共同信奉某一首領，賦予他超自然的「神力」，首領就成為氏族、部落穩定發展的一個內部凝聚力。這是從原始民主制向中央集權制轉變之際，一個必然出現的現象。

至高神崇拜

隨著階級分化的日益加劇，社會成員之間的差距日趨明顯，在宗教信仰上也有所反映，即黑人所信奉的諸神，地位上

有了高低之分。為了滿足現實社會中握有至高無上之權力的首領的需要，必須把主神的地位進一步抬高到至高無上、主宰一切的地位。這樣，在許多黑人共同體裡就產生了「至高神崇拜」。至高神崇拜是在對眾神崇拜的基礎上發展起來的，它超出了原始自然的範疇，反映了原始社會瓦解的社會現實。

非洲黑人認為，至高神是萬能之神，天地萬物的創造者，宇宙的操縱者和統治者。其特點是：全知全能、無處不在、無時不在、遍布宇宙，能給人們帶來同情、憐憫、友善、保佑和恩惠。

在黑人諺語中，反映至高神這種無所不能之特點的話語很多。例如——

生與死，至高神是其主宰。（剛果）
人做計畫，至高神做決定。（剛果）
至高神是所有事物的最終原因。（阿坎族）
朗朗乾坤，至高神是首長。（阿坎族）
至高神創造了時間，它是時間的主人。（斯瓦希里人）
至高神知道明天的事。（巴隆迪族）

不過，在非洲各地，對至高神的稱呼不一，因族而異，其具體作用亦有所區別。

獅子山共和國的曼代人崇拜至高神「恩蓋歐」。他們認為，「恩蓋歐」是天地萬物的創造者，使宇宙充滿無形的能力，這種能力有時顯現在傑出人物身上，有時以雷電、瀑布等鳴響的方式顯現。他們常說：「願恩蓋歐賜你長壽！」「願恩蓋歐助佑你！」「恩蓋歐是最高裁判者！」等等。

迦納的阿散蒂人信奉至高神「尼阿美」，認為它有多種不

同的外在表現形式，如太陽、十字架、金圓盤、雷電、蜘蛛「阿南西」等。它是世界的創造者，能為人間提供陽光和雨水。就是它以無可比擬的神力創造了人類。為了表達對「尼阿美」的無比崇拜之情，阿散蒂人獻給它許多稱呼和頌詞，如：「偉大的卓越超群者」（尼阿美的本意）、「比大地上的萬物都年長者」、「睿智者」、「可信賴者」等。

奈及利亞的約魯巴人信奉的至高神，他們叫「奧羅倫」（Ololun，意為「天的主人」）。他們把奧羅倫看作天地萬物的創造者、全能全知者、一切人的最後審判者，人們在日常的問候、禱告中經常提到它的名字，以求得到它的幫助。

剛果的恩貢貝人崇拜至高神「阿匡果」，認為「阿匡果」是宇宙的創造者、人類的塑造者。它與每個人都有聯繫，像守護神一樣，既能使人走運，也能使人倒楣。因為「阿匡果」太偉大了，所以用不著建廟宇供奉它。但是，人們還是很容易接近它，必要時可向它祈禱、求助。

在東非，可能受共同的斯瓦里文明的影響，許多共同體信奉一個名叫「姆隆古」（Murungu）的至高神。在肯亞的吉庫尤人眼中，「姆隆古」無所不在又無形，它是萬物的創造者，借助於日、月、星辰、狂風、暴雨和彩虹而顯示其能力。人們在日出和傍晚時向它祈禱。在塞納人的神話中，「姆隆古」居於天上，有時通過打雷、降雨的形式降臨世上。每逢降雨，當地人便說：「姆隆古來了。」打雷時，人們會說：「姆隆古在敲打。」在馬拉維，「姆隆古」是造物主、風雨神，從雷霆中可以聽到它的聲音，它的能力滲透到萬物中。

南部非洲的巴蘇陀人信奉至高神「默里默」，認為它是光明的象徵、人類的保護者和父親。祖魯人稱至高神為「烏庫魯庫魯」，深信它是人類的始祖，並組織了人類社會，是它創造

了萬物。

在黑人原始而樸實的宗教觀中，對至高神的崇拜主要在人們心裡，一般不給至高神修建廟宇和進行集體祭拜，沒有至高神的偶像和專門的祭司。因為他們認為，至高神至尊至大，具有無止境的屬性，不能把它局限於某一空間。它又是無所不在和無時不在的，人們在緊急情況下，可隨時通過祈禱，向至高神求助，所以無須對它定期膜拜。另外，至高神不直接控制世界、主宰眾生，位居其下的眾神之作用則更直接。人們只有在向其他神求助失靈後，才求助於至高神。至高神成了人們在困境中的最後希望。

由於至高神在黑人各群體中被認為是生活在看不見的天國，所以，在它之下必須有一批身負具體職責的眾神或普通神，在至高神和人類之間起中介作用。與高高在上，不可企及的至高神相比，眾神與人們的日常生活和生產活動關係更為密切。它們都是人格化了的神，直接參與人類的各項事務。眾神被賦予了感情色彩，有時可能是人類的保護神，有時卻一做出」危害人類的事情；有害還是有益，「取決於」人類對它們的虔誠和尊敬與否。因此，眾神就有了自己的廟宇、偶像和神龕，人們需要定期為它們舉行祭祀儀式，向它們供奉祭品，有專門為它們傳遞信息的祭司。但所有神靈最終都要照至高神的旨意行事。

黑人的至高神崇拜表明，黑人信奉的神靈已分化為不同的等級。這是黑人社會的階級分化和首領權威不斷上升的現實在宗教領域的反映。他們不輕易向它求助，說明了現實生活中的首領，特別是國王，都高高在上，眾人不容易見到他們，也怕見到他們。但是，在蒙受重大冤屈或生活限於絕境，其他辦法又失效的情況下，人們只得直接向高貴的首領求助。他們在觀

念、信仰上崇拜至高神，實際生活中則更看重眾神，反映了他們一神論和多神論的統一。黑人的宗教信仰便由此按自身的規律，向更高的階段發展。

神與人的中介者

對普通人來說，神既可親可敬，又可懼可畏，既能帶來幸福，又能帶來災難，常常可以感到它的神祕莫測，從而認為神的性格反覆無常。為了準確地摸清神的要求，使它能一直為人「造福」，神與人之間的中介者應運而生，那就是黑人各族中的祭司階層。

在黑人的傳統宗教中，起初沒有專職與神打交道的祭司，每個人都可以進行宗教儀式和從事巫術活動。對於自然界的變化，誰都可以根據原始宗教的禮儀進行占卜。眾人直接可以「接近」神靈，不必什麼中介。即使有祭司，也是兼職的。隨著黑人各族生產力的發展，複雜的社會分工的出現，宗教神職人員就從氏族成員中獨立出來，成為執掌宗教事務的神職人員，即祭司。他們有時間、有精力對傳統的宗教觀念進行系統的整理，也著手使宗教儀式程序化、複雜化、神祕化，使眾人不能直接接近神靈，而必須由他們作為中介。

這種介於神人之間的祭司在黑人的日常生活中起著重要的作用。上至國家大事，下至平民百姓的生兒育女，幾乎都能見到祭司代表神在講話或主持某種儀式。因為祭司的活動內容很廣，彼此之間就有職責和地位之分。黑人祭司基本上分為兩類：上層祭司和下層祭司，分別在社會的上層和下層起著和神溝通的作用。

上層祭司，又稱「寺廟祭司」，主要主持國家或部落一些大的祭祀儀式，如代表整個國家或部落敬奉神靈，主持求雨、征戰、訴訟審理等。有的還主持酋長、國王的即位儀式，擔任各級首領的顧問。在從事農業的部落，祭司要為眾人祈雨。在賈加人的祈雨儀式上，完全由祭司代表大家向上蒼求雨。這種祈雨儀式往往曠日持久。其結果一般都能如願以償。因為祈雨儀式總是在旱季結束後舉行，天長日久，總會有下雨的一天。祭司還有一項重要的社會職責，即審理案件，處理一般酋長解決不了的糾紛，行司法之責。

　　這種情況在西非地區最為流行。在西非，被告是否有罪，以及訴訟雙方孰是孰非，完全憑祭司的「神斷」，即祭司憑藉法術而斷。為此，祭司令訴訟雙方都服下用某些毒品製成的特製液體。服食後安然無恙者自然為勝方，其解釋是「神的明察秋毫」。其實，訴訟雙方的生死禍福掌握在祭司手中，因為毒劑是祭司配製的，毒量大小完全憑祭司的好惡。這種神斷實際上是祭司假借神旨，體現統治者意志的一種手段。

　　每個上層祭司幾乎都有自己供職的寺廟。除了東非沿海和東北非地區之外，黑非洲的寺廟往往既小又顯得建築粗糙，用粘土建成。在西非，小神廟處處可見，都是一些茅草覆頂的小土屋，高往往不超過三、四呎。所設祭壇更低，祭司不得不蹲下去擺祭品。在古代的達荷美王國，寺廟稍大一點，是一種圓形泥牆草屋，內有一個土台，上面供奉一尊神像。各種寺廟只能由神職人員進入，普通民眾參加的祭祀活動在露天進行。在熱帶地區，這是很自然的。寺廟同時也是祭司的住所，他們負責打掃寺廟、接待祈求者和接受信徒的祭品，並將他們的要求「轉告」給他們侍奉的神。上層祭司的職務由專門的家族世襲，他們往往一出世就被定為祭司候選人，然後離世隔俗，接

受老祭司的教誨和訓練。

　　正常情況下，這個過程延續一、二十年。他們要向老祭司學習向神「討教」的技巧與服侍神的各種祕密，包括拜神的禮儀和舞蹈，接受關於神的種種法令和禁忌之教誨，以及一些藥物知識。受訓是一件艱苦的事，要遵守各種嚴格的食物禁忌和行為戒律。通常是睡在堅硬的地上，只吃少量食物，學會忍受苦難，試圖用自我懲戒的辦法訓練自己，以便能聽到神的聲音。雖然他們被認為是獻給了神，但也可以結婚生子。由於他們是神的代言人，能經常獲得大量捐獻，又與社會上層接觸較多，因而社會地位較高，常常擁有許多牲畜和地產。除了男祭司之外，有些部落還有女祭司，她們在處理宗教事務時常與男祭司一樣能幹，享有管理寺廟的全權。

　　因為是為神服務的人，祭司的穿戴與普通人存在一些明顯的區別。無論天氣多熱，他（她）們都不能像普通人那樣坦胸露背，僅穿一條短褲，而要注意穿顏色特殊的衣服。白色是黑非洲祭司最歡迎的顏色，也是神聖的顏色。藍色和其他顏色的衣服也能見到，但較少。有的祭司喜歡用白粉筆、紅粉筆在身上畫上彩色線條，並把頭髮理成各種式樣。他們還注意佩帶一些象徵性的裝飾品，或各種各樣的驅邪物和護身符。

　　下層祭司，又叫「自由行術的祭司」，分為通靈人、占卜者等。他們以自由職業者的身分在民間四處行走，應邀為大家驅鬼避邪祕病、占卜尋找失物、預言某事，或在寺廟協助上層祭司舉行宗教儀式。

　　通靈人自稱被神或祖先的精靈「附體」，能把來自精靈世界的預言告訴人們。當他們跳舞時，精靈就會自發地附在他們身上。此時，他們做出一副十分痛苦狀，想方設法讓精靈回轉。然後，他們發出一些有條理的預言。起初往往是一些晦澀

難懂的預言，後來漸漸變得清楚。最後進入真正的附體狀態，自然而然地說出各種預言。

通靈人並不專受某一神靈附體，根據需要，他們能在不同的場合，模擬他們此時所代表的神靈。比如：像武士那樣雄赳赳、氣昂昂，像孕婦那樣搖搖擺擺，或像狗那樣狂吠。通靈人在做這些宗教儀式時，要穿上適合自己所扮角色的服裝，佩帶某種特殊的標誌。當三通鼓罷，進入狂喜狀態時，還要戴上手鐲及其他裝飾品，如沉重的項圈、用瑪瑙貝和玻璃製成的其他飾物等。這些飾物會在他們狂舞時發出強烈的叮噹聲，給人以深刻的印象。通靈人表演的這種精靈附體動作，與使人中邪著魔的惡鬼附體動作，在不知底細的外人看來似乎一樣，但在黑人眼中，兩者是不同的。他們認為，祖先的精靈不是附在通靈人身上，而是伴隨和控制他們，借他們的口傳達自己的旨意。精靈不是一種永遠與通靈人生活在一起的異己的外來力量，而是偶至的稀客。另外，他們相信，惡鬼附體後，人會得病，要請巫師幫助驅邪；而通靈人在儀式結束後就可恢復正常。

通靈人不是隨便什麼人都能自封和天生就會從事的，他們也要經受各種嚴格的訓練。在西非一些地區，特別是貝寧等地，設有培訓通靈人的「禮拜院」或「修道院」。受訓的人在進禮拜院之前，通常要舉行一個裝死儀式，象徵新入院者已經辭世。然後，他們要在這兒被隔離數月或數年，直到培訓完畢，通靈人以新的面貌出現在人間，才算重新復活。他們假裝從遙遠的地方歸來，說一種新的儀式語言，使用新的名字，這樣就可以成為正式的通靈人了。

占卜師是靠「神的啟示」或用其他方法操縱事物，以診斷疾病、尋找解決問題之方的專家。他們也能成為精靈附體的對象，依靠神諭，為眾人服務。從這一點上講，他們與通靈人和

某些祭司的行為極為相似。但他們更多的是依靠某個實物，如骨頭、堅果等卜具，卜測過去和未來，診斷疾病的精神原因，找到失物或竊賊。

他們是村裡的智者，村民們經常向他們求助。如拋開其中的迷信成分，占卜師實際上是憑藉他們對人的深入了解和豐富的閑談資料，對某一問題做出判斷，達到解決某一問題的目的。很多占卜師都很精明，見多識廣，會用民間方法為人治病。當然，要達到這種程度，還要有個拜師學藝的過程。

在南部非洲祖魯人中，當某人因驚厥或患病而產生夢幻，得出某精靈想通過他傳言時，他便成了占卜師的候選人。他先漫遊四方，隻身獨居，之後去投奔一位老占卜師學藝，求師傅治好他自身的某些病狀。從此，他必須恪守不吃某些食物的禁忌，注意避免任何褻瀆行為，用土藥淨身，加強內視力，訓練凝神視遠，然後解釋出現在眼前的幻象。他還要學習跳特殊、有節奏的精靈附體舞，唱師傅教的歌曲，並獨創一些歌曲，作為自己的拿手好戲。學藝的最後一個儀式是用土藥淨身和加入一個對會員選擇甚嚴的團體。這是過渡儀式，也是授職儀式，標誌著他已正式出師，師傅將給他戴上護身符，送給他一些藥物，告訴他用藥的祕訣。經過這些程序之後，他便得到同行的承認，成為一名新的占卜師。

經過祖祖輩輩的實踐，黑人占卜師積累了許多占卜法，如土占、果占、骨占、水占等。土占在黑非洲各地均能見到，即用手指在地上占卜。莫三比克的聰加人流行果占，即用6個半塊的果殼占卜，其中3個代表陽性，3個代表陰性。占卜師把它們往席子上扔，根據所落的凹凸情況測出吉凶。如果果殼都是凸面朝上，此卜最佳；如果是完全相反，則主凶。既有凹面朝上，又有凸面朝上的組合，需要占卜師提供複雜的預言。此種

情形實際上最容易出現。

　　與聰加人相鄰的部落是把果殼放在盛有藥水的木碗裡占卜，通過攪拌之後，看它們飄浮在藥水上的形狀進行解釋。南部非洲巴蘇陀人的卜具主要是四塊骨頭，外帶一些附件，其中有兩塊是男人的骨頭，附有雕刻過的象牙或骰子，使每塊骨頭落地都有4種解釋；另兩塊是女人的骨頭，每塊落地也有2種解釋。如把四塊骨頭合在一起，則有64種不同的解釋。加上其他附件，還能做出更多的排列。

　　在西非，最複雜的占卜方法，要算是奈及利亞約魯巴族的伊法（Ifa）占卜法。它使用有凹凸面的乾果和4這個基本數字及四的倍數，如8、16、32，直至4096，附以書寫在木板上的符號。

　　在神與人之間的各種神職人員中，因為占卜師與民眾的生活貼得最近，因而是最受歡迎和最繁忙的人。但他們的社會地位遠遠不及寺廟中的祭司。

高舉「神」字招牌的郎中

　　在黑人的傳統宗教裡，「巫醫」是一個特殊的社會階層。有些西方學者曾把他們視為邪惡的祭司，或企圖害死鄰居的下毒人。「巫醫」就因此成了用歪門邪道給人看病的代名詞。其實不然。在黑非洲，巫醫實際上是給那些被認為受到妖巫傷害的人治療的鄉村大夫，是一個高舉「神」字招牌的江湖郎中。他們的職責不是害人，而是給人治病。

　　在黑非洲，當一個人感到身體不舒服或生病時，總是認為這是妖術、惡魔、祖先之靈或某個仇人的咒語在起作用，即由

某種精神原因造成的。甚至連死亡也被認為是邪惡的精神力作用的結果。受到科學落後的限制，他們未能從病理上得到正確的認識。因此，應運而生了以裝神弄鬼、施行魔法給人治病的巫醫。

從表面上看，巫醫和妖巫有相似之處：兩者都是與精靈打交道。前者的精靈要設法查出後者的罪惡之精靈，「以魔驅魔」。在黑人看來，巫術的法力是可以被控制的。當巫術被濫用時，施術者就成了妖巫。巫醫除了是會施術的專家，他通常又是占卜師或精通法物和草藥的商人。他可以用石塊占卜未來，發現妖巫，也可以進入精靈附體狀態，用喚起的第二視力來識破傷害鄰居的惡人。有的巫醫自稱能藉某些特殊的標誌識別妖巫，看見妖巫有毛茸茸的臉、藍眼睛或頭上冒紅煙。由於巫醫和妖巫有本質上的不同，因此在許多部落，巫醫是倍受尊敬的人。

成為一名巫醫，也需要一個長期的訓練過程。

在剛果河流域的阿贊德人中，巫醫一般是男人。初學者要做好守節操和食物禁忌的準備。他先拜一位老巫醫為師，接受一個入門儀式——葬後復生禮：他的身上被塗滿了藥，放入一個淺墓，頭和腳露在泥土外面。巫醫們圍著墓穴跳舞，預卜其前程，然後將他扶起來。休息片刻，師傅再給他塗一些藥。最後，他穿上正式的服裝，與其他巫醫一起跳舞，並起一個新名，便算正式入門了。

在舉行了這個儀式之後，他跟隨老巫醫學習使用巫藥的基本方法，觀察老巫醫在降魔會上的一舉一動，學習怎樣識別妖巫和保護自己。當然，老巫醫不會把他的全部知識傳授給新學徒，也不是白白傳授，學徒要根據時間長短付學費。掌握了一些基本的降巫技能後，新手還要到處拜訪其他名巫醫，學習他

們的絕技。至此，他便能獨立降巫治病了。

在傳統的部落社會裡，無論何時，只要有人覺得自己中了妖術而得病，就可以請巫醫舉行降妖會。有錢有勢的人有時會把一批巫醫請到家中降妖。巫醫來時，身上佩帶標誌，口袋內裝有巫藥和跳舞時用的裝飾品，如哨子、響葫蘆、鈴鐺、腳鐲、手鐲、臂環、腰帶等。黑人各族具體的捉巫去病的方法千差萬別。在今烏干達境內的布干達人中，巫醫診斷疾病時，一個常用的方法是讓一隻雞吃下病人的唾沫，然後殺雞剖肚，數雞腸裡的斑點；或讓病人朝一個盛滿水的罐子吐一口痰，然後觀察水面浮塵與痰結成團塊的形狀，據批判斷病情。他們在對病人實施治療時，常常是幫病人找出帶來不幸的「妖魔」。

在史瓦帝尼，巫醫一邊跳舞，一邊四處嗅，似乎是想嗅出「妖魔」。在他們的治療下，有些人不等找到「妖魔」就身亡了，但也有的人日見好轉。難道是他真的抓住或趕走了「妖魔」嗎？顯然不是。有些病人之所以能好轉，甚至痊癒，首先是精神上的作用——巫醫手舞足蹈和念念有詞的樣子給病人很大的心理治療作用。同時，他們在裝神弄鬼時，通過在病人身上按摩、給病人洗蒸氣浴等，客觀上也有一定的療效。

因此，巫醫的治療過程，實際上是在迷信中摻雜了某些合理的因素。在西南非洲，有些巫醫還掌握了對病人的「放血療法」。這在科學不發達的古代和近代，曾是世界上一種流行的治療方法。

值得注意的是，有的巫醫通過長期的實踐和經驗積累，已初步掌握了某些動植物的療效功能。如把有些昆蟲、爬行動物焙乾後，碾成粉末，起到清熱解毒的作用；用一些動物的皮、骨浸過的水或酒，給病人喝下，能增強病人的抵抗力；更有許多植物在治療痢疾、肝炎、膿腫和熱病等方面，有著特殊的療

效。例如，他們常使用一種梔子樹的樹皮給人治病。該樹的樹皮被磨成粉末後，可以治療肝炎。方法是：第一天把5克粉末用1／4升的鮮牛奶拌和，放置12小時之後，讓病人服下。以後6天仍然每天服5克，但粉末用水拌和，放置30分鐘。經過7天的療程，便能起到明顯的效果。

另外，巫醫們還用該樹的葉子治療痢疾；將其樹根剁碎後，用來治療糖尿病患者；將其果實燒焦後，治療氣喘病。但是，這種類似於中醫治療的方法，在黑非洲，幫人治病時，常常不被相信。為此，巫醫便宣稱，這是與他們親近的仙女和樹精告訴他們的祕方。實際上，這是在藥物治療中又攙和了迷信的心理治療作用。

使外來宗教本土化

在黑人的宗教信仰中，並非所有的人都信奉傳統宗教。透過古代、近代陣陣宗教傳播的浪潮推動，猶太教、基督教、伊斯蘭教也相繼傳入黑非洲。對於這些外來宗教，黑人並非一味地盲從，也非完全排斥，而是在改造的基礎上吸收，使之本土化，以適應自己的需要，為自身的文明發展服務。於是，這些外來宗教在非洲衍生了一些新的教義，誕生了一些非洲教派，成為黑人的宗教信仰之一。

伊斯蘭教是非洲外來宗教中傳播最廣的一種。它傳入的時間雖晚於基督教和猶太教，產生的影響卻最大。伊斯蘭教在黑非洲的傳播始於東北非的蘇丹。公元六四一年，阿拉伯軍隊從埃及沿尼羅河而上，發動了對努比亞的聖戰。後經多次遠征，蘇丹基本被伊斯蘭化，居民大部分信奉伊斯蘭教。但是，當伊

斯蘭教進一步向蘇丹南部和衣索比亞傳播時，受到當地原始宗教和基督教的頑強抵制，阻斷了伊斯蘭教由東北非向東非的傳播。東非接受伊斯蘭教，直接源自阿拉伯半島。約在七世紀中葉，一批穆斯林為逃避迫害，從阿曼來到東非沿海，成為東非首批穆斯林居民。此後來者不斷。他們與當地的東班圖人融合，成為斯瓦希里人的一分子。向黑人傳播伊斯蘭教，是他們日常活動的重要組成部分。至十八世紀，北起索馬利亞，南至莫三比克的東非沿海地區，居民大部分都成為穆斯林，坦干伊加中部、烏干達南部和肯亞一些內陸鄉鎮也接受了伊斯蘭教。伊斯蘭教向西非的傳播來自北非。約從公元十世紀開始，北非的一些阿拉伯人和穆斯林學者騎著駱駝，穿過撒哈拉沙漠，歷經艱辛，把伊斯蘭教帶入西非。但大規模傳播是在馬利和桑海帝國統治時期，即十三世紀以後。由於統治者親自去麥加朝聖，經常向伊斯蘭教國家派遣使節，聘請穆斯林學者來本國講學，在傑內、廷巴克圖等商業中心修建清真寺，使伊斯蘭教在西非的傳播出現向縱深發展的趨勢。

　　當時的清真寺既是人們祈禱的場所，又是學習和傳播伊斯蘭文化的中心，廷巴克圖的桑科爾清真寺甚至成為非洲伊斯蘭的文化中心。值得注意的是，西非這時興建的清真寺完全按伊斯蘭傳統風格設計，除了圓頂、尖塔的特徵外，泥牆上還裝有突出的木頭腳手架，是徹頭徹尾的泥木結構。十八世紀末十九世紀初，已信奉伊斯蘭教的富拉尼人又在西非發動一系列「聖戰」，征服異教徒，建立了幾個強大的伊斯蘭國家，最終使西非的大部分地區都接受了伊斯蘭教。

　　伊斯蘭教在黑非洲的傳播和發展，促進了當地神權國家的形成和語言、文化的發展。這在西非表現得最明顯。馬利和桑海的統治者在朝覲歸來之後，都按伊斯蘭教義改革行政，設立

中央最高統治機構，採用伊斯蘭法律，建立了嚴密的財政制度。東非的斯瓦希里語和西非的豪薩語不僅吸收了大量的阿拉伯詞彙，還借用阿拉伯字母，成為可書寫的語言。皈依了伊斯蘭教的黑人在生活方式上也有所變化，如男子普遍頭纏白毛巾，著衫穿袍，在一切繪畫和建築上注意避免人物圖案的出現，代之以花卉或幾何圖案，不吃無鱗的水產品等。

不過，無論是在東非還是在西非，伊斯蘭教都發生了許多重大的變異。改信伊斯蘭教的民族或部落往往只取其形，即簡單易行的禮儀，舊有的信仰仍奉行如故。他們所敬奉的主要對象往往既非真主，也不是先知，而是當地原有被神聖化的首領，傳統的祖先崇拜、多神崇拜、巫術等保留如故。於是，同各地黑人的傳統信仰相揉合的混合伊斯蘭教在非洲興起。西非的《豪薩編年史》寫道：「當時，所有豪薩國王都不靠法律審判，獨斷專行；依附於他們的學者瑪拉姆唯君命是從。」❹

基督教傳入黑非洲的時間始於公元四世紀在衣索匹亞的傳播，但它在非洲腹地開始大規模的傳播是在十九世紀。從時間上說，伊斯蘭教在黑非洲的傳播是先北後南、先東後西，基督教則是先南後北、先西後東。基督教所產生的影響不及伊斯蘭教，因為基督教的傳播常常與西方的殖民侵略連在一起，在許多黑人心目中造成一種本能的反感。另一方面，與傳教士對黑人傳統宗教起初持否定態度也有關。後來，傳教士認識到了這一點。他們改變了傳教策略，轉而尊重黑人的傳統習俗，吸收黑人傳統宗教中的某些思想，並重視培養黑人傳教士。這樣，才加速了基督教在黑非洲的傳播。但是，這樣做也就產生了混合的非洲基督教會和教派，如奈及利亞的「非洲浸禮會」、南

---

❹　The Cambridge History of Africa, vol.5, p.132.

非的「衣索比亞教會」、馬拉維的「天佑勤奮傳道會」、剛果（金）的「基班古教派」等。它們的共同點是：都從西方基督教會中分離出來，成員都是黑人，並且大多屬於同一部落，其教義和儀式變得非洲化，每一教派都有各自的教階，神職人員除了布道，還替人看病、驅鬼降魔等，吸收了許多黑人的傳統習俗，如割禮、聖靈附體說等。

剛果（金）的基班古教派是白人的基督教轉化成為黑人所用的一個典型代表。該教派的創始人是基班古（一八八九～一九五一）。他出生於一個篤信基督教的農民家庭，26歲時本人也接受了洗禮，並一度擔任牧師。一九二一年起，他用所掌握的黑人民間醫術治癒了一些病人，從而聲名大振，被認為有起死回生的本領，是上帝派到黑人中的新耶穌。基班古趁機宣傳自創的帶有反殖民性質的新教義。他制定了嚴格的教規，包括禁止抽菸、喝酒、淫褻舞蹈、食用豬肉猴肉等；宣稱黑人心中如有想法，可以不通過白人的《聖經》，直接訴之於上帝。他告訴信徒：「在天主面前人人平等，黑人與白人因而也是平等的。天主並沒有給白人凌駕於黑人之上的權利。靠天主的幫助，黑人終有一天會將殖民者趕走。」

基班古的這些新教義有助於當地黑人正在醞釀的反對比利時殖民者殘暴統治的鬥爭，因而深受民眾歡迎，很快有數萬人投奔於他。然而，基班古教派的崛起卻引起了比利時殖民當局的恐慌，他們將他逮捕下獄，直至一九五一年病死於獄中，一些骨幹分子也被監禁或流放。儘管如此，基班古教派還是在民間悄悄流傳，成為反殖民鬥爭的有力武器。到一九六〇年剛果（金）獨立時，已發展到擁有教徒三百萬人的大教派，成為該國的國教。

在非洲近現代反殖民鬥爭和民族解放運動中，類似於基班古教派起鼓動和組織作用的非洲化教派很多，這當中既有非洲化的基督教，也有非洲化的伊斯蘭教。它們有力地推動了黑人在政治上的覺醒，也有助於黑人傳統宗教從「自然宗教」向「人為宗教」的歷史性演變。

Chapter 2
適應自然與收造自然的結合

　　在人類的黎明時期，黑非洲高溫潮濕的自然環境，便利了黑人在這裡的生存和發展，他們在世界上最早使用石器工具。約在公元前六〇〇〇年，他們又完成了人類的第一次技術革命，即從舊石器向新石器的過渡，比歐洲早了三千年。非洲最早馴化和飼養動物。廣布於撒哈拉和南部非洲的岩壁畫（約一二〇〇〇～三〇〇〇年前創作）生動地證明了這一點。黑非洲也是世界農業的發源地之一。在西非、衣索比亞高原、東非和中非，黑人很早就栽培植物。現已查明，約有二五〇多種農作物，如水稻、高粱、白色玉米、芝麻、可可、薯蕷、扁豆、南瓜、油棕等都起源於這裡。

　　但是，到了公元前後，黑非洲的自然條件日益惡化，終年的高溫和越來越乾燥的氣候嚴重阻礙了經濟的進一步發展。在惡劣的自然條件下，黑人首先是設法適應「上帝」這種不公平的安排。在適應的基礎上，他們利用自己的聰明才智，先後發

展了數種不同的經濟類型，創造了一些獨特的生活方式。

原始部落的智慧火花

在黑非洲，由於種種原因，至今還有一些部落處在原始社會的狀態。在這裡沒有階級，沒有剝削，也沒有私有制的概念，人們集體勞動，共同分享勞動的果實。這些原始部落包括俾格米各族、布須曼各族，以及東部非洲的博尼人、多羅博人和金迪加人等，他們主要分布在南部非洲和東部非洲的一些地區。從社會組織的形式上看，這些部落雖然還處在一種原始的狀態，但他們的生存方式並非如人們所想像的那麼原始，常常閃現出一些智慧的火花。

狩獵和採集經濟是他們最基本的生產方式。因為地理環境的制約，在南部非洲和東部非洲，一直頑強地保留著這種舊石器文化的殘餘形態，甚至連殖民統治也未能將它破壞。一七七八年八月，一位歐洲旅行家佩特森在納馬奈蘭遇見了科伊桑人（即霍屯督人）。他記述道：「他們沒有家畜……他們以根莖和樹葉為生。偶爾用毒箭射死一隻羚羊，就可美餐一頓。」另一位旅行家湯普森一八二三年六月在南非奧蘭治河上游附近的克拉多地區旅行時，談到當地居民。他寫道：「這些可憐的人主要靠平原上生長的某些野生球莖植物生活，同時也吃蝗蟲、白蟻和其它昆蟲……這就是他們賴以生存的一切。除此之外，男人們有時還用毒箭射死一些獵物。」他們也曾充分利用水產資源，捕捉魚、蝦、海豹和海鳥，並採集大量水生貝殼類動物，特別是帽貝和淡菜。

原始黑人食物的大部分來自採集。採集的任務主要由婦女

承擔。她們靠自己靈巧的雙手，採集各種野菜、野果和根莖植物。採集的工具簡單、原始。木質、骨質、石器是主要的技術工具。布須曼各族採集球莖和塊莖植物是用一種木質挖掘棒。這種木棒通過修刮和火燒，製成鑰形尖頭，然後將一塊鑿孔的石塊套在木棒中間以增加重量。很多岩畫描繪了婦女使用加重挖掘棒採集的情景。為把食物運回家，婦女們還編製了一種有網眼的口袋，用來攜帶根莖和塊莖植物。除了植物之外，蜂蜜和一些小的昆蟲也是婦女們採集的對象。每年的五、七月份是俾格米人採集蜂蜜的季節。每當發現了蜂窩，婦女們先在上風處點起一把火，用烟將蜜蜂熏出來，然後敏捷地爬上樹，將蜂窩摘下來，把蜂蜜倒出來吃掉或帶回去和大家分享。捕捉白蟻也很能體現俾格米人的智慧。熱帶森林中的白蟻既大又肥，蛋白質含量高。每當天氣悶熱，快要下雨的時候，白蟻就會自動離開巢穴，向平坦、有光亮的地方轉移。俾格米人利用這個絕妙的機會，將它們抓獲。無雨的時候，她們就採取烟熏的方法：將樹枝和茅草放在蟻巢上，在蟻巢的另一端挖一個洞，然後點燃柴草，把白蟻熏出洞來。

　　原始部落的男子則多從事狩獵。弓和毒箭是捕捉獵物的主要武器。弓一般用無節木做成，弓弦用蔓類樹皮搓成。箭矢有三種，鐵製的、石製的尖器，以及用樹皮削尖後製成的箭矢。箭矢尖端一般塗有毒藥。布須曼人用的毒藥有幾種可以致較大的獵物於死地。南部非洲的俾格米人使用的毒汁是從當地一種野草的葉子裡提取的，任何動物只要被射中，就無法逃脫。獵手們在打獵時，常常將自己偽裝起來，以接近獵物。比如俾格米人在獵取大象時，獵手把象糞塗在身上，使大象嗅不到人的氣味，這樣就可以靈活地接近大象，甚至鑽到象身下，迅速準確地用矛頭刺穿象脖子底下的血管，使大象流血衰竭而死。有

時，他們模仿動物的叫聲，將動物誘引到事先埋伏的地方，然後進行射殺。布須曼人也是出色的獵手。他們經常喬裝打扮，模仿鴕鳥的樣子接近鴕鳥，再用毒箭將其射死。很多獵物不用弓箭射殺，而是用植物搓成細繩，在草原上的陷阱捕獲。陷阱大小不一。坑中有時埋設頭朝上的尖樁，陷阱表面覆蓋樹枝、樹葉、苔蘚等物，迷惑獵物。在捕殺一些大動物如河馬、犀牛、野牛時，常使用這種方式。陷阱捕獵也是最能體現這些狩獵人之智慧的生產技術之一。

住在海邊和河邊的原始部落也有自己的一套捕魚方法。布須曼人一般用蘆葦、柳條、細樹枝編成漏斗形籃子，把它放在小溪中。捕魚多少根據捕魚器的大小而定。原始部落還有一種利用河水漲落，構築石塊圍堰捕魚的方法。當他們預知河水即將上漲時，就事先在河灘上築起一個大蓄水池，水退後便會有一批魚存留在池子裡。駕船和木筏在江河中，用鐵叉或木矛叉魚的方法，也存在於某些部落中。但極少使用魚網。霍屯督人還用獸骨和獸牙製成魚鉤釣魚。

由於狩獵和採集方式的特殊性，決定了居民生活方式的集體性和流動性。每當採集資源及獵獲物較為稀少，不足以滿足集體需要時，他們就必須流動，遷徙，到資源密集的地方生活。遷徙還常以一個家族或幾個家族成員為單位。有時，當布須曼人用陷阱捕獲一隻大的野獸時，他們的群體便圍著陷阱地坑住下來，直至獵物被吃光為止。因流動性強的特點，遊獵居民的典型住所是一種臨時性的茅屋。它高約一·五米，由插在地上的樹枝做成半圓形的支架，上面覆蓋著乾草。這種房屋容易搭建，搬遷時可棄之不顧，最適宜狩獵生活。

各原始部落幾乎都有手工業，主要是製革、製作木頭器皿、編織和煉鐵等。煉鐵要求的技術性很高，是一項充滿高度

智慧的手工業。霍屯督人早在殖民者入侵前就已掌握了煉鐵及其加工技術。其方法是在地面上修建兩個高低不等的泥爐，高的約2尺，矮的約1尺～1尺半，兩者通過一個小孔相連。先將高爐的爐壁燒紅，然後將鐵礦石扔進爐內。等到礦石溶化成液體後，打開高爐上的小孔，使鐵水流入小爐中進行冷卻處理。如果要加工成什麼工具，可以在小爐內再加熱錘打。

　　二十世紀六〇年代之後，東非和南部非洲各新生的民族國家曾採取了一些措施，想使本國的原始部落走出森林，接受現代文明，但收效都不大，大部分部落依然過著原始生活。這與他們長期以來已形成的獨特生活方式有很大的關係，因為他們以這種方式生活，在經濟上通常可以達到自給自足。

與農業建立互惠共存關係

　　撒哈拉以南的非洲是世界上哺乳類動物最多的地區。除了赤道附近的熱帶雨林帶之外，這裡的生態環境大部分屬於熱帶草原，全年高溫，熱量充足，但降水率很大，一年中雨、旱季節明顯，草原植被茂盛。這給發展畜牧業創造了條件，使畜牧業在黑人經濟中占有重要的地位。

　　黑人各族畜養的牲畜和家禽有牛、馬、驢、山羊、綿羊、豬、狗、雞、珠雞等。過去受萃萃蠅的影響，東非和西非的許多地區不能飼養牛、馬等大型牲畜，只能發展養羊業和一些家禽。儘管如此，牛仍然是黑非洲畜牧業的主體。蘇丹人和班圖人的許多部落視牛為聖物，或把它看成是財富的象徵，以占有牛的多少衡量一個人富有的程度。有的部落甚至達到了「愛牛癖」的程度。如生活在查德的富爾貝人，過去雖然貧窮到身無

分文、食不果腹的程度，但他們既不出售自己養的牛，也不將其殺掉吃其肉，養牛就是為了喝其奶和獲得一種心理上的滿足。為了增加牲畜的數量，特別是安全度過每年那漫長的旱季，在黑人畜牧業中發展了一種農牧共生互惠的現象。

黑人傳統的畜牧業採取季節性定向遊牧，逐水草而居的方式，與乾旱做鬥爭。遊牧路線依據熱帶旱季和雨季的變化而定，有時也取決於為了牲畜保健或治病而對某些礦物質和鹽類的需要。比如在撒哈拉南部邊緣一帶，夏季時，牧民把牲畜按雨水分布，逐漸趕向北遊牧，到了旱季又重新南歸。在尼日河內陸三角洲的牧場，牧民們在旱季把牲畜趕往高處，雨季再下山回到平地。在同一塊牧場過度放牧，會引起土壤侵蝕和造成植被惡化。因此，當畜群把一塊牧場的草地啃完後，必須讓牧場休養，直到牧草自己長出來為止。就因為這樣，遷移也是唯一可行的辦法。

此外，牧民變換牧場，也是為了躲避萃萃蠅等蟲害。或者，為了牧畜對鹽分和礦物質的需求，牧民們也常把牲畜趕往鹽沼地區，讓牲畜舔鹽地。總之，流動放牧是非洲畜牧業的一大特徵，每年遊牧的方向大致相同，路線則不一定重複。但這是被動地自然選擇，如遇上不正常的年份，旱季特別長，雨季遲遲不來的時候，人、畜的生命都將受到威脅。

經過長年累月的放牧經驗積累，牧民們發現，單純地依賴牲畜或過分放牧，常常會引起生態平衡的失調，生活也變得不安定。因此，有許多牧民在放牧的同時，還適當地從事一些農業活動。這樣，遊牧遂被定居放牧所取代，出現了農牧結合的混合經濟，一人兼二種角色。在半荒漠的乾旱地區，他們兼營綠洲農業，種植高粱、小麥、大麥和椰棗等農作物。在東非，牧民們雨季時帶著牛群移往高地，形成臨時村落；旱季時則回

到谷地放牧，兼事農業。這是依靠自身的「兼職」發展起來的一種農牧共生關係。

在一些畜牧業較發達的地區，牧民們發展了另一種農牧共生的關係，即不僅自己種植一些農作物，而且與比鄰而居的農耕居民達成協議，在後者收割後的殘地上放牧，並為後者代牧牲畜。在撒哈拉沙漠南部生活的富拉尼人，他們的放牧活動隨旱季和雨季的交替而變換。當他們趕著畜群進入南部農業地帶時，恰值豪薩人收割完莊稼，這樣可以讓牲畜吃作物的殘梗，同時，牲畜的糞便也可以撒在田中作肥料。在布基納法索西北生活的富爾貝人基本上是一個遊牧民族，他們和以農為生的莫西人也達成了一種互惠共存的關係，即幫後者代養牛和山羊、綿羊，所獲的報酬是牛奶和繁殖的幼畜歸他們所有。莫西人養牛、羊等牲畜不是用作役使和食用，主要是為了獲得糞肥，牲畜只有在快要死的情況下才殺來吃。

這種農牧互惠共存的方式是黑人畜牧經濟發展的必然結果，既適宜畜牧業的勞務，也促進了黑人農業的發展。因為有農作物的莖葉、殘稈作牲畜旱季的飼料，牲畜在旱季的死亡率大大降低，並且可以採用旱季焚荒的形式，為農田和牧場恢復地力。在現代的農牧社會裡，縱火焚荒被認為是生產方式原始落後的一種表現，容易破壞土壤結構，並且是對大氣環境的一種污染。可是，在非洲熱帶草原，一年一季的旱季焚荒卻成為農田恢復地力和牧民保護牧場的一項重要措施，是非洲熱帶草原地區社會、經濟和環境綜合平衡的產物。火焚清除了木本植物和劣質硬草，促進了飼草的迅速萌發和更新，植物焚燒後的草木灰還增加了土壤礦物質的成分，且達到了消滅許多植物病蟲害和牲畜寄生蟲的目的，這對於一不施肥，二不噴灑農藥的熱帶大草原來說，具有重要的意義。因此，在遼闊的熱帶草原

地區，牧民中流傳著這樣一句話：「沒有草火，就沒有大草原，就沒有大草原上的牧場和畜牧業。」

尊重自然，選擇農業形式

農業經濟在黑非洲經濟生活中占有主要位置，黑人各族中約四分之三以上是農民。根據黑非洲農業的自然條件，廣大黑人發展了遊耕和鋤耕兩種農業耕作的方式。所謂「遊耕」，就是土地不固定，燒荒墾地，長期休閑，待土地的肥力恢復後再耕作。「鋤耕」就是只用鋤頭一類的農具耕作，不使用任何畜力，農業和牲畜業完全分離，既不施肥，也不進行土地投資。因而，無論就耕作技術還是生產工具來說，黑非洲的農業經濟與世界其他地區相比，都是頗具特色的。

遊耕主要存在於熱帶雨林地區。這裡植被茂盛，每當經歷了一個雨季，便隨處可見死而復活的一片片矮樹叢，即使在已闢為農田的地方，也會長出許多不知名的小樹。因此，在每年的雨季前後，黑人農民都要花費很多時間清除雜草、樹叢，發展出一種「燒林耕作制」。土地是農業的第一要素，但也不是每塊土地都適合種莊稼。黑人各族通常根據土地的肥力，選擇墾荒的地塊。土地肥力的判斷是根據植物或土壤的外貌及土壤的滋味。有時也考慮土地所有權問題。在土地選好之後，首先伐倒大樹，砍下樹枝、灌木，堆在一起燒成灰燼，作為肥料。一般而言，由於森林土地鬆軟，經過燒荒之後，土地就已經備耕好了，不需再做任何準備工作。然後，農民用鋤頭整出壟溝。這樣就可以播種了。播種方式是用一種挖坑的工具在土地上挖個洞，撒入各種種子。木薯和甘蔗採用插枝法，薯蕷和香

蕉則用塊莖栽種法直接埋進土裡，同作物混雜，收獲期不一。一般收獲之後，便進入休耕期。土地的休耕期視各族的習俗、土地的肥力及植物的性質而定，通常為三、五年以上不等。如奈及利亞北部，土地是三年連續耕作，六年休閑；贊比亞的「錫泰梅內」耕作制則是一年耕作，三十五年休閑。在坦尚尼亞，因土地休耕的關係，村莊每隔五年就要搬遷一次。顯然，黑非洲的遊耕雖然也有燒荒休耕的因素，但它不同於傳統意義上的刀耕火種。後者是原始農業落後的代名詞，前者則是黑人根據自然條件所做的一種智慧的選擇，有利於保護生態環境。

在人口稠密的沿海和熱帶草原地區，燒林農作制為集約農業所取代，即採用套種耕作，按期施肥，實行水利灌溉技術。塞內加爾的塞雷爾人居住的地區每平方公里平均達72人，因而實行三年輪作，一年用作牧場、一年種小米、一年種花生，在狹小的土地上精耕細作。坦尚尼亞維多利亞湖南岸的烏卡拉族人採取套種耕作方式，在黍類穀物成熟前套揮木薯和土豆。這樣，一年內可收兩季，甚至兩年收五季。當地還修建梯田、溝渠、堤壩等，防止水土流失。烏卡拉族飼養的牛主要是用來積肥肥田。牲畜關在牛廄裡，在家裡挖一大坑，坑裡積滿了肥時就運肥下田。平均每〇‧八公頃土地下肥七千公斤。定期施肥能大大提高土地利用率和農作物產量。

在一些地區，已懂得使用灌溉技術。如津巴布韋和馬利的農民在整出梯田之後，築起一道道水壩，用來灌溉梯田。有的農民在山坡上掘井，用葫蘆取水。這類耕作技術比起刀耕火種和休耕制來，已經是大大進步了。

黑人各族栽培的農作物品種繁多，各地差別很大，普遍種植的有糧食作物、香蕉和塊莖作物等。糧食作物包括黍類、玉米、水稻、高粱等。究竟種植何種農作物，黑人農民主要依據

的還是自然條件，而非市場需求。從大西洋到紅海的蘇丹地帶和薩赫勒地區是各種品種和高矮不一的黍類種植區。黍類栽培曾一直分布到赤道線一帶，後被玉米取代，原因是玉米抗鳥糞危害的能力比黍類強，較易種植和管理，因而得到廣泛普及。水稻種植主要分布在象牙海岸、馬利、坦干伊加沿湖地帶及莫三比克。這裡熱量和水資源都非常充足。香蕉是黑人各族的主要食物之一。香蕉因易於管理，可以防止水土流失，對土地要求也不高，因而種植最普遍。薯蕷的品種很多，非洲人種的有圓形薯蕷（白色）、卡晏薯蕷（黃色），亞洲種的有參薯。木薯引種自美洲，在西非赤道帶（從幾內亞灣沿岸到安哥拉一帶）、馬拉維北部、莫三比克等地被視為大宗糧食，居民以此為主要食糧。十九世紀末期之後，黑非洲成了世界木薯的最大生產地。

黑人使用的農業工具也頗有特色。他們從事農業勞動既不借助於任何畜力，更沒有機械幫助，而是使用形態、功能各異的鋤頭。這種鋤頭被稱為「萬能工具」，不管什麼農活都能用。因用途不一，鋤頭也有各種類型。如豪薩人墾荒用的鋤頭稱「加布德希」，整地用的叫「夸薩杜克」，挖穴播種的叫「宋古米」，用於播種鋤草的稱「闊臘米」，等等。甚至男女用的鋤頭也不一樣，如男子用來在插秧前鋤地的叫「昆布」，婦女用的則稱「夸薩察耶」。除了鋤頭之外，有些地區還使用鏟狀和犁狀工具。這些工具和鋤頭一樣，柄用木頭製成，頭上配有鐵製的鏟或犁。斧、錛的使用不很普遍。在一些較落後的黑人部落，甚至還沒有鐵製鋤具，只用掘土棒耕種。

犁耕農業在黑非洲沒有普遍發展，這主要受文化傳統和自然條件的影響。犁耕意味著對畜力的役使，而在撒哈拉以南的非洲，耕作的人對牲畜感情上的迷戀，將它比作為食物或畜力

更加重視。牛被視為寶貝和富有的象徵，不願宰殺或役使。熱帶蟲蠅的猖獗，又大大限制了畜牧業的發展，特別是萃萃蠅的侵襲。在坦尚尼亞，牛的分布區與萃萃蠅正好相反：即有牛的地方沒有萃萃蠅，有萃萃蠅的地方沒有牛，它們無法共存。少數有抗蠅能力的牛又大多體格較小。另外，熱帶土壤在旱季暴露於烈日灼燒之下，容易乾裂，有機物質更易氧化分解。因此，保持土壤肥力的最佳方式是儘量減少對土地的翻耕。每年墾荒、播種、收獲之後，就必須輟耕擱荒，讓土地重新被樹木、灌木叢覆蓋，隔幾年或數年後重新墾荒，才能達到原來土地的肥力，適合農作物生長。所以不宜犁耕。因此，遊耕農業和鋤耕農業是黑人各族適應與開發自然環境所做的一種必要的選擇，是黑人各族富有特色的農業技術。

因地制宜，發展香蕉系列

在黑非洲，一年四季幾乎都能看到香蕉的身影。在當地，它既是一種水果，更是一種糧食，是非洲黑人各族的主要食物之一。

香蕉原產於印度，後經埃及傳入黑非洲。因為香蕉易於管理，只要引進幼苗種下，它在熱帶地區常年都能生長，結果。同時，它的根部具有衍生性，可以防止水土流失，對土壤要求也不高，因而傳入黑非洲後，得到普遍種植。黑人充分利用非洲的地熱條件，培育出世界其他地方所沒有的名貴品種，而且在吃法上也有很大的創新。

在黑非洲，香蕉的品種多達上百，黑人既培育出20多釐米長的特大香蕉，也培育了不足10釐米的微型香蕉。特大型的香

蕉在幾內亞被稱為「豬玀香蕉」，因為它個頭大，肉質厚，肥得像豬玀一樣，一只往往就有一斤多重。這種香蕉的外形彎彎的，身腰粗壯，皮殼呈淡黃色，比較中看，並很難運出去銷售——主要原因是不易保存，腐爛得快。因此，當地居民便把它當成自己的主食。許多居民一日三餐，吃的都是這種香蕉。除了直接生吃或摻上其他糧食煮食外，幾內亞人還常常將它切成片晒乾，然後磨成粉，再摻上少許麵粉，可以製成清甜爽口的蒸糕或麵包。在集市貿易的地方，一些姑娘、婦女還油炸香蕉出售。方法是把香蕉的皮剝掉，將它將成片，然後放進油鍋裡炸到見黃為止。客人還可以根據自己的口味蘸上佐料。這種油炸香蕉外焦裡嫩，十分可口。

微型香蕉是香蕉品種中最小的一種，長度一般不到10釐米。但它的樹幹卻很高，達七、八米，因此在幾內亞又有「大個子香蕉」之稱。這種香蕉質量很好，吃起來清滑香甜，放到嘴裡，就像能自動融化一樣。

與「大個子香蕉」形成對比的是「矮個子香蕉」。它的樹幹很矮，一般不到2米，垂下來的香蕉有時能拖到地，因而採摘起來十分方便。這種香蕉成熟時，外面的表皮黃得像金絲雀一樣，故又被稱為「金絲雀香蕉」。它的最大優點是容易儲存，即使存放了較長的時間，外觀仍然無多大的變化，味道也保持原樣。因而，這種香蕉常常被大量運往外地銷售。

在東非、剛果盆地和西非的特科迪瓦等地，居民以一種食用香蕉（又稱「飯蕉」）為主要食糧。其外形和普通香蕉差不多，但個頭比較大；肉質也不同，生吃時腥味很大，不宜當水果食用。

不過，它的澱粉含量很高，黑人常常把它和大米、木薯、蔬菜、鹽等一起下鍋，做成香噴噴的香蕉飯。這種香蕉飯的名稱，

各地差別很大：在烏干達被稱為「馬托基」，在坦尚尼亞被稱為「烏加利」，在赤道幾內亞被稱為「尤烏馬」……等等。此外，飯蕉也可以晒乾後磨成粉，或切成片，用油炸著吃。

香蕉除了以上的幾種吃法，還可將它做成羹、粥、飲料等。香蕉羹、粥的作法比較簡單：把新鮮的香蕉切成片後，放進水裡煮就可以。做香蕉飲料要複雜一些，常見的是將去皮後的香蕉榨成可以直接飲用的「香蕉汁」，如加入酒麴，經過一段時間發酵後，便成了味道醇香的香蕉啤酒。在偏僻的鄉村，黑人做香蕉酒不用酒麴，而是將去皮後的香蕉放入罈內或地窖裡，讓其發酵成酒，飲用時去渣即可。用此法釀造的香蕉酒烈性較大，可達二、三十度。

現代人好談飲食文化。如果將黑非洲的香蕉品種及其吃法細細考證一番，或許也可以在飲食文化中另闢一個章節——香蕉文化。

開發樹棍的潔齒功能

黑人一般都有一口潔白而整齊的牙齒，其潔白與黑色的臉龐相比，顯得格外耀眼，給人留下深刻的印象。難道是黑人發明和使用了什麼特效的增白牙膏？答案完全出人意料。他們既不使用牙膏，也不使用牙刷，潔齒的傳統方法其實就是普普通通的一根小樹棍，人稱「刷牙棍」。

用刷牙棍潔齒，在西非地區尤為流行，特別是廣大的農村。儘管市場上現在已有各種牙刷、牙膏等刷牙工具，但是，在這些地區，仍然保持用刷牙棍刷牙這一古老又行之有效的習俗。這種刷牙棍取自自然，可以說是不付分文，而且使用方

便。他們先從樹枝上折下一根粗細、大小適中的嫩枝，剝去皮後即可使用。用刷牙棍刷牙的方法很多，有的是用它在牙齒上來回上下用力擦洗，有的則乾脆把刷牙棍放在嘴裡不停地嚼，以達到潔齒的效果。還有的部落是把樹棍剝去外皮，放在水裡搗碎並浸泡一段時間，使它變成海棉狀的纖維物，然後放在嘴裡嚼，產生很多泡沫，與牙膏刷牙很相似。

用作刷牙棍的材料雖然名稱不同，但都是一些木質鬆軟、無毒、無異味和不苦澀的細嫩枝條，取材十分方便。在中部非洲的剛果，人們喜歡用香菸長短的小棍刷牙。這種小棍是用當地山區一種名叫「安地亞莫鬧」的灌木樹根做成。它略帶甜味，用它刷牙，既能清除牙垢，潔淨牙齒，又能使嘴唇紅潤，增加美感。所以，剛果人，尤其是廣大婦女都愛用它刷牙，把它作為一種天然化妝品使用。在西非多哥洛美地區，居民的刷牙棍是用當地特有的一種熱帶樹木「阿洛」做成，當地人把它的枝幹截成香菸般長短粗細，剝去樹皮後放入口中，枝幹碰到唾液，其頂端就裂成牙刷狀，然後便可以刷牙。

用刷牙棍潔齒的時間，各地不盡相同。有的在早上刷，有的是在晚上刷，有的飯前和飯後刷，還有的是隨時隨地都刷。每次刷牙延續的時間在15～20分鐘左右。喜歡早晨用刷牙棍潔齒的非洲人，他們常常是嚼著樹棍出門去幹活或上班。剛果人潔齒的時間很隨意，他們是隨身帶著一些刷牙棍，想什麼時候刷就什麼時候刷，用過之後便隨手將小木棍丟掉。

刷牙棍不僅有潔齒的功能，有些部落還用它作為男女之間互相傾訴愛意的象徵。在奈及利亞約魯巴族人中，如果男人看上某一個年輕的寡婦，他就給她送去刷牙棍，表示希望能娶她為妻。

在牙刷和牙膏出現之前，世界上有很多地方都有用樹棍潔

齒的習慣。公元七世紀，穆罕默德在創建伊斯蘭教時，為了表示對真主的尊敬，除了規定要用水潔淨身體之外，還必須用樹枝清潔牙齒。但是，隨著牙刷、牙膏的使用，刷牙棍逐漸被人遺忘了，唯獨在黑非洲將它保持至今。這一潔齒方法之所以能保持延用下來，在於它包含了某些科學成分，因為非洲人選用的刷牙棍裡含有某些防止口腔和牙齒病變的物質，且質地較硬，經常使用，對牙床和牙齒本身也是個鍛鍊。所以，凡是使用這種樹棍刷牙的黑人，其牙齒大多能保持到成年而不損壞；並且，牙病和口腔疾病患者也很少見。

尼日河畔的捕魚術

在黑非洲的大河和湖泊地區，有許多民族或部落以捕魚為生。他們划著獨木舟，手握魚叉，憑藉著祖祖輩輩積累下來的捕魚經驗，捕獲各種魚類。因宗教信仰的關係，東非和西非的穆斯林漁民不捕撈也不吃無鱗的魚類，如鱔類、蝦、烏龜等。漁民們傳統的捕魚工具有魚叉、魚鉤和魚簍等。魚網是近代從域外傳入的，但現在已是黑人大規模捕魚的主要工具。

在西非有「母親河」之稱的尼日河，兩岸的居民大部分是漁民，終年以捕魚為生。由於長年累月跟魚打交道，他們練就了一身過硬的捕魚本領，積累了一套行之有效的捕魚方法。

在旱季，當尼日河的河水下降，水流量不大時，是沿岸漁民捕魚的大好時機，他們紛紛攜帶工具，到河邊捕魚。首先是觀察水中的魚情，即魚的品種和數量。為了觀察得更仔細和準確，水性好的漁民往往跳進水中，在水裡輕輕吹氣，使水面發出「咕咕」的水泡聲，以吸引魚類游過來。然後，他們敏捷地

鑽出水面上岸，將帶來的魚餌扔入水中。魚餌如雞蛋大小，裡面是泥土，外面沾了一層厚厚的、炒熟的玉米麵，香味很濃。魚聞到這種香味，便爭先恐後地游過來嬉食。這時，漁民們就對準魚群拋魚叉或撒網。

吸引魚群的另一種方法是用蒼蠅。漁民們事先把一些生羊肉或牛肉裝進瓦罐，等過幾天肉腐爛發臭，便將瓦罐拿到屋外，故意引來陣陣蒼蠅。待瓦罐裡沾滿了蒼蠅，突然蓋上蓋子，把蒼蠅活活地捂在裡面。然後帶著瓦罐來到河邊，同樣由水性好的漁民潛入水中，在水裡將蓋子打開，讓迫不及待的蒼蠅爬出來。由於翅膀和身上都沾了水，蒼蠅便會在水面上亂折騰，魚群自然會被吸引過來。

到了雨季河水上漲時，尼日河畔的漁民又有新的捕魚方法。這時的捕魚主要在晚上進行。當夜幕降臨，漁民們就帶著魚叉、魚簍，乘上獨木舟，手舉用乾草、樹棍紮成的火把，在河上慢慢地蕩來蕩去。此時，正在河面上吸食露水，尋找食物的魚群看見亮光後，便會游過來，漁民就乘機向最大的魚投擲魚叉。魚叉是鐵製的，上面有兩個鋒利的迴鉤。叉柄用木棍做成，上面繫著繩子，繩子的另一端拴在獨木舟上。當魚被叉著，因為叉上有迴鉤，一般很難逃脫，漁民們便回收繩子，將魚拖回。用此方法捕獲的魚都比較大，常常達幾公斤，甚至更大。美中不足的是帶回去的都是死魚。

捕魚是一件非常艱苦的勞動，因此都是男人在河上捕魚。婦女則負責對魚進行加工。她們將一些吃不了的魚剖肚去腸，用鹽腌製晒乾，留待以後食用。有時，婦女們也將新鮮的魚或魚製品拿到市場上出售，與別人交換糧食和其它日用品。

由於捕漁業是尼日河畔居民主要的經濟活動，那些捕魚能手在當地很受人尊重。在奈及利亞的阿爾貢古鎮，每年二月還

舉辦一個盛大的捕魚節，屆時將從眾多的捕魚能手中選出最強者。

阿爾貢古位於尼日河的支流索科托河沿岸。相傳在很久以前，這裡住著兩個不同的民族：住在北岸的富拉尼族和住在南岸的凱巴族，他們常常因為在河上捕魚的事發生爭鬥。到了十九世紀初英國殖民者來此之後，兩個民族之間的矛盾被殖民者所利用，成為殖民者征服這塊土地，並施行分而治之的有效武器。二十世紀之後，兩族人民逐漸認識到了這一點，感到應該聯合起來，共同對付英國殖民主義者。一九三四年，兩族的酋長在阿爾貢古進行談判，最終達成和解的協議，從此使兩族人民不計前嫌，和平地利用尼日河的漁業資源，攜手共舉反殖民大旗。

為了紀念這次具有重要意義的和談，兩族在一九三五年二月聯合舉辦了首次捕魚比賽。以後每年都在這個時候舉行一次。一九六〇年奈及利亞獨立後，這個民間的捕魚比賽就被定為全國性的節日——捕魚節，活動的中心仍然設在阿爾貢古。但是，參加比賽的選手不限於兩個原先的部落，而是擴大到全國的捕魚能手。因為屆時強手如林，所以對比賽做了一些嚴格的規定。比如選手們只能使用小網兜、葫蘆，禁止使用魚叉；捕撈的對象只能是7公斤以上的大鱸魚，並且一個小時內必須捕捉到一條，否則將取消其比賽資格。鱸魚在當地豪薩語中被稱為「水象」，是一種性格凶猛的魚類，最大的長約2米，重達60多公斤。所以，這種比賽是對選手的捕魚技術和耐力的極大考驗。由此，捕魚節既成了奈及利亞各民族團結友好的聚會，也成為漁民們捕魚技巧的大交流。

獨樹一幟的手工技能

　　長期以來，人們總認為非洲黑人技術落後，他們的日常生活用品都需從國外進口。這種觀點實際上只是部分地反映了現代某些非洲國家的生產現狀，不能代表黑人的過去。在過去很長的時間裡，黑人各族在手工製造方面曾達到了頗高的技術水準，他們製造出迄今所知世界上最早的陶器。存在於公元三～十八世紀的撒哈拉以南非洲的幾大文明中心，如古代西非的迦納王國、馬利王國、桑海帝國、豪薩人諸城邦，東北非的庫施王國、阿克蘇姆王國，中南部非洲的剛果王國、庫巴王國、隆達帝國等，都能提供有力的佐證。

　　在這些古文明中，無論是精美的陶器、紡織品，高超的製革術，還是富於表現力的面具及木雕製品，其精湛的技藝與同時期歐洲的產品相比都不相上下。而且，他們的勞動分工已相當專業化，每一個行業都有數目不等的分工。與世界其他地區相比，黑人的許多手工部門在生產方法、產品的式樣和質量方面，都表現得獨樹一幟。

　　黑人的製陶業最早可追溯到距今六千多年前。現在，人們已在東非大裂谷西部的愛德華湖和納庫魯湖沿岸，即肯亞的卡普薩文化遺址發現了非洲最古老、同時也是世界上最早的陶器——陶製容罐。在公元前四〇〇〇年末期，存在於東北非的努比亞文明之特出表現是陶器製作精巧，圖飾和造型富於藝術性，其製作水平超過了同時期其他地區已發現的陶器。在努比亞遺址中發掘出一件製作精美的薄陶器，它裡面塗了一層黑釉，外面還有仿照籃子圖案的紅色花紋。與它一起發掘出來的還有一件尖底大肚罐子和帶有把手（呈波浪形）的罐子。努比亞人製作的一種帶黑邊的赤色陶器，其技術後來被傳到了下埃

及，使這種陶器成為整個尼羅河地區古代陶工藝術的顯著特點。在西非發現的陶器，最早距今約五千年左右。現保存較完好的陶器是新石器時代的「貝爾埃爾」陶器和鐵器時代的平底罐。這種罐子主要用於製作和燒煮食物，容積很大，並且常常用魚骨或貝殼裝飾起來，圖案是波紋線和波紋虛線，有些裝飾圖案和陶器的寬大口形可能仿照魚筐做成。黑非洲製陶的泥常用牛糞作粘合劑，所製陶器的種類有赤陶水罐、糧子、面具和頭像製品等。陶罐用旋繞法製造，即用長泥繩旋繞，然後用手指或棍子把它弄光滑，再放到火上燒烤。頸口有螺旋口、外張口、歪口和傾斜測口等形狀。其他陶器的製作方法是先做出底部，接著加大壁部，然後用火烘乾，放置於草中焙燒，最後塗以赭石和黑粉，加以研磨，使之發光。與世界其他民族不同的是，黑人各族始終沒有使用陶輪製陶，並且製陶技術始終沒有發展為製瓷。

由於畜牧業幾乎存在於非洲各地，大量的動物毛皮促進了黑人製革業的發展，在傳統社會中遂分化出一個製革匠階層。豪薩製革匠製作出許多日用產品，如各式各樣的皮包、鞋類、馬鞍和墊子等。這些產品除了滿足本民族的需要外，還銷往蘇丹各地和北非市場。南部非洲各族有用皮革加工成服裝的習慣，其製作技術是：將動物皮剝下烘乾，用帶有稜角的砂岩刮掉皮下膜，再用塗有油脂的手揉搓皮張，直到皮革柔軟如稠為止，然後縫製成各種服裝。

在木器加工方面，黑人各族的工匠也自有其獨到之處。庫巴人、多貢人、巴剛果人、塞努福人等族擅長製作各種各樣的木製品，如凳、椅、桌、頸枕、碗、碟、盆、高腳杯、梳子、手杖等生活日用品，並且喜歡雕上各種圖案。十九世紀下半葉，民初陸軍少將丁廉（字克儉）在坦尚尼亞遊歷時，對看到

的木製品嘆為觀止。他寫道：「此村則室有台、凳、几榻、椅桃，宛類中國規模，並有木碗、木叉等物，雕鏤精工，真是神工鬼斧。余遊歷阿洲（阿非利加洲）以來，當以此處之雕刻為上。」❶黑人同時也運用精湛的木雕藝術，製作了許多令人嘆為觀止的小雕像、面具、屏風等藝術品。在迦納的濱海地區，當地木匠還製造一種頗有特色的獨木舟。此舟用瓦瓦木（或奧尼阿阿木、卡納梅木）製成，一般需 6～18 週才能造好。造好後，在舟旁點火烘乾舟體，並把舟幫燒成黑炭色，在上面刻上「兩個鱷魚長一個胃」（寓意「戮力同心」）、「一隻鳥頭歪向方」（寓意「謹防有失」）等圖案，最後再安裝座位。這種獨木舟有很高的藝術要求，它由專門的木匠製作。

冶煉業在黑非洲也早已存在。公元前六世紀，東北非以美羅埃為代表的冶鐵業就已發展起來，被稱為非洲的「伯明翰」，至今其遺址附近還能見到許多當年煉鐵的爐渣。公元前五〇〇年，西非以諾克為代表的冶鐵業也發展起來。在公元十三世紀馬利帝國的曼丁哥山區和尼亞尼地區，鐵礦資源相當豐富，首都尼亞尼有大型煉鐵工場。豪薩人中，鐵匠和鍛工都有很高的社會地位，他們製造村社所需的各種器具：飲具、農具、刀、斧、箭頭、長矛等。在中部非洲，白蟻巢被鐵匠用作煉鐵爐。這種爐形如錐形，高約一人半，有良好的耐火性能。鐵匠從上面填料，一層木炭，一層礦石，交替填入爐膛，然後從下面點火，用手或腳踩壓皮囊鼓風，中間鑿一小孔，用來流瀉金屬溶液。這種冶煉術可以說是黑非洲民族的智慧象徵。在其他地區，煉鐵爐是用紅土堆砌而成，其形狀、構造與中部非

---

❶ 艾周昌編注：《中非關係史文選，一五〇〇～一九一八》，華東師範大學出版社，一九八九年，第一〇五頁。

洲的大致相同。

　　除了煉鐵之外，傳統冶煉的對象還有銅、金等。由於非洲大部分地區從石器時代向鐵器時代過渡時，越過了青銅時代，因此，黑非洲銅器的出現一般晚於鐵器（東北非是例外）。黑人製作的銅器主要是日常生活器皿和面具、雕像等藝術品。在奈及利亞伊格博—烏庫遺址中，已發現了公元初期，用失蠟法製作的青銅水罐。金礦的開採和冶煉一直是黑非洲經濟活動中的一項重要領域，從古代起，黃金便是黑非洲輸往埃及、西亞、北非和歐洲的重要商品。十五世紀歐洲航海家探尋新航路時，一個重要的動因就是非洲內陸的黃金產地。黑非洲產金地主要在南部非洲和以迦納為中心的西非。在古代，黑人的黃金一般來自河灘的沖積層，由婦女用籃子或篩子淘篩而得，習慣上稱為「淘金」。其產量很大。這從馬利國王曼薩‧穆薩去麥加朝聖時攜帶的巨額黃金就可見一斑。

　　此外，黑人的傳統手工業還有製鹽、編織等。在東北非的蘇丹、衣索比亞和西非的薩赫勒等地，黑人的用靈主要是從鹽礦中得到的岩鹽，專門由鹽工把它加工成塊狀或棒狀，再運往各地銷售。住在東非、西非沿海地區和礁湖附近的居民，通過從蒸發海水和礁湖水得到鹽。對他們而言，鹽比鮮魚或魚乾和甲殼類動物乾有更大的價值，能帶來更多的收入。他們可以用鹽從內陸居民那裡換到他們所需要的任何物品。在西非，除了海鹽，內地的不少部落從某些耐旱植物中也能得到食鹽。這是一項複雜的技術：先要把尋找到的這些植物燒成灰燼，然後經淋溶蒸發，收集所剩下的渣滓。這種渣滓的成分不是一般鹽中所含有的氯化鈉，而是氯化鉀、硫酸鹽和碳酸鉀的混合物，味道鹹中帶著苦澀。西非和南非的一些能工巧匠還充分利用本地豐富的植物資源，編織了許多很有特色的手工藝品；甚至把葫

蘆掏空，製成一些實用的器皿。

到了中世紀，一些黑人民族的手工行業已由行會統一管理。行會分得很細。像庫巴人就分有紡織、裁縫、鐵匠、船工、織網工、編席工及皮革製衣工等。每一個行會的領導人或由國王指派，或由行會自己選舉提名。其任務是負責向手藝人收繳應徵的稅收，同時也負責監督人員入會、生產方法、質量標準及產品價格等事項。

但是，黑非洲傳統手工業也存在某些不足。由於農牧業長期處於落後狀態，決定了農牧產品沒有多少剩餘，導致傳統手工業沒有真正脫離農牧業，成為一個獨立的經濟部門。許多工匠的工作是季節性的，他們更多時候是靠種地度日。他們生產的產品主要不是參與交換，而是用於村社的日常生活；甚至有的手工業品只用於宗教儀式和祭祀等大型慶典，當作法器或聖物，如面具、雕像等。另外，非洲傳統手工業始終沒有利用任何機械能。這就決定了黑人手工業很難有進一步的發展。

令人遺憾的是，黑人各族經過上千年發展起來的各種手工技能，在歐洲殖民者的槍炮聲中和大批廉價的工業品衝擊下，許多受到了致命的打擊，甚至生產技術失傳，最終導致只能依賴西方工業品的局面。

源遠流長的織布工業

在黑人的各種手工行業裡，紡織業曾經十分發達。儘管黑非洲終年氣溫較高，黑人的衣著普遍很少，有些地方甚至以樹皮、樹葉或獸皮纏身，但這並不能阻礙其紡織技術的發展。紡織在努比亞已有數千年的歷史。後來，棉花作物傳入美羅埃以

及阿克蘇姆王國，並進而擴展到衣索比亞全境。到公元十世紀時，棉花和棉織品在東非沿海地區已從北往南傳播到今莫三比克境內。

西非的塞內加爾河流域，黑人在公元十世紀時已知道種植棉花。考古學家在特勒姆岩洞裡已發現了公元十、十一世紀時用窄條布做的衣服。另據十一世紀阿拉伯作家厄爾—貝克利的記載，當時有許多北非商人來到古迦納王國的都城昆比採購棉織品和鞋子。在尼日河流域的特蘭加城，織工們紡織名叫「席皮亞」的布匹。它長寬各約2米。這裡的居民雖然沒有多少棉花，但差不多每家都有棉田。這說明此時西非的棉布生產勝過北非。紡織需要的兩項必備技術——紡織用的紡錠和織布機，至遲在十四～十五世紀已出現。當時使用兩塊縱片的窄面積織布機，可以紡織寬30公分左右的長布條。繼迦納之後興起的馬利帝國統治時期裡，棉織業和其它手工部門一樣，也得到了很大的發展。到了十五世紀末，棉花已在整個帝國得到廣泛的種植，各省之間的棉花貿易相當興盛，並向帝國境外出口。服裝是當時人的身分和權力的標誌之一，不同階層的人要穿不同的衣服。比如規定皇帝的褲子要用20塊布縫製，廷臣們穿的是用當地棉花製作的白色服裝，外地的地方長官要穿皇帝恩賜的緊身上衣。軍士們被恩准穿褲子，但多大的寬度要依據他們各自功勛的大少而定。男女奴隸則不准穿任何衣服。由此可見，馬利帝國時期，服裝製造業已達到相當的規模。當時紡織部門的分工也很細，一些人專門從事紡織，另一些人則專門負責染色，甚至出現了專門從事用靛藍染布的塔克魯爾人和索寧克人。

從迦納、馬利延續下來的紡織技術，後被西非各主要民族所掌握，並且分工越來越細，出現了軋花、梳棉、紡紗、染色

和織布等工序。染布的原料一般是用靛青，它作為紡織業的一項副產品，得到大量種植。染布的方法，通常是在地上挖一個大坑（後改為埋設大缸），把四周的泥土拍實，倒入水和靛青進行攪拌，再把布放進去染色。有些民族的青色印花技術已達到很高的水平。如塞拉里昂的曼丁哥人所織的印花布叫「卡拉」，它色彩鮮艷，常常用幾種顏色套印著飛禽走獸、花卉草木，甚至還有受人尊敬的人物，形象逼真，富於想像。當布織好以後，工匠們用棕櫚樹纖維在布料上鉤織出預想的圖案，隨後在圖案上著色印花。印染結束後，還要將布料在冷水中沖洗，拆去圖線，再攤平晒乾，便成了一塊美麗的「卡拉」。曼丁哥人還發展了一種蠟染法，即用各種木刻圖案把溶化了的蠟印在底布上，待蠟凝固後著色印染，用冷水沖去浮色，再用熱水沖掉蠟，「卡拉」上就留下艷麗的圖案。

　　織布的原料除了棉花之外，還有某些植物的纖維（如棕櫚纖維、酒椰纖維）和絲。在迦納的阿散蒂帝國舊址，曾發現十七世紀的絲織品。在生長著酒椰纖維樹的西部非洲和中部非洲，酒椰纖維布是在相當寬的豎立或橫臥的織布機上織成的。這種織布機只有一塊主要的縱板。因為中部非洲缺少棉布，酒椰纖維布在這裡便顯得特別重要。十六世紀前，當地的黑人工匠用它作裝飾的技術已達到較高的程度，而且還用它作貨幣。

　　東非內陸大湖地區居民的紡織技術也很有特色。他們紡織的原料也不是棉花，而是用一種無花果樹的韌皮纖維，經棒槌敲打和一番精心處理，織成「姆布古」布。這種布細密如毛毯，柔軟如羚羊皮。類似的作法還存在於赤道附近熱帶雨林區的一些部落。

　　類似於西非、東非的織染技術，在中、南部非洲也存在，但它們的命運幾乎都差不多。十九世紀下半葉，伴隨著歐洲人

對黑非洲殖民瓜分和殖民占領高潮的到來，西方工業革命後生產的大批廉價紡織品像潮水般湧入黑非洲各地，淹沒了原有的手工織布業，那些傳統的織工、染工只好改作他業。所幸，在一些特別偏僻的山區或熱帶雨林區受到的影響較小，傳統的織布技術才被保存下來。當黑人各民族國家獨立後，過去傳統織布技術又獲得了新生，但所生產的富有民族特色的手工布主要是賣給外來遊客，而不再是滿足自身的需求。

區域化發展的貿易和交通

歐洲殖民者到來之前，受特定的自然環境影響，黑人發展了區域性貿易和交通。在西非、東非和南部非洲，圍繞著幾個大的文明古國，貿易和交通一度繁榮，南來北往的物品交流起到了促進文明發展的作用。

西非黑人傳統的貿易活動是與撒哈拉商道連在一起的。從古代撒哈拉地區岩壁畫反映的情況看，早在公元前一〇〇〇年，北非和西非之間已有了貿易往來。當時，從西非運出的主要是黃金、象牙、鴕鳥毛、可拉果和奴隸；經撒哈拉商道運進西非的有食鹽、貝殼、織物和珠子等裝飾品，運貨的主要工具是馬匹和驢子。

公元一世紀起，駱駝被引進撒哈拉商道，使北非和西非之間的貿易量迅速擴大。八世紀，阿拉伯人進入撒哈拉地區，撒哈拉商道貿易達到繁榮的頂峰，形成了從北非進入撒哈拉以南非洲的三條主商道，分別是西部、中部和東部商道，南至幾內亞灣熱帶森林區的北部邊緣。由於駱駝在沙漠中每小時約走3公里，平均一天不到40公里，因此，從北非中西部到達西非，

大約要花費兩個多月時間。商道附近逐漸出現了居民點，並進而發展為城市，包括加奧、昆比薩利赫、傑內、廷巴克圖等一批著名的城市。

商道貿易也有力地促進了古代迦納、馬利、桑海等文明古國的興盛。在撒哈拉商道貿易上唱主角的是阿拉伯商人。但是，在西非各地，幫他們收購或零售物品的則是當地的蘇丹黑人。所以，商道貿易實際上也促進了西非地方貿易的發展，誕生了一批以經商著稱的民族和部落。豪薩人便是其中之一。

豪薩人做買賣的主要場所是集貿市場。它分成三種類型：一是就地貿易，豪薩語叫作「西尼基」，出售農產品和小規模的手工業品，經營者即生產者。二是批發貿易，豪薩語稱為「法陶西」，由職業商人掌握，從事長途販運。三是倒賣貿易，即商人從此地買進便宜貨，到彼地出售，賤買貴賣，從中漁利。這種情況稱作「揚科利」。交易的商品有：豪薩城邦的本地產品，像棉布、獸皮、皮革及部分農產品；從阿拉伯商人手中得到的北非及歐洲的產品，包括金屬器皿、武器、馬匹、串珠、玻璃器皿和某些華貴織物。豪薩城邦繁榮的基礎就是其商業活動。

東非和南部非洲的傳統貿易是連在一起的。在古代非洲印度洋沿岸，從索馬利亞到索法拉先後出現了一系列港口城邦，它們同阿拉伯、波斯、印度和中國都有著頻繁的貿易往來，輸出黃金、象牙和香料，輸入棉布、陶器、絲綢、串珠等商品。古埃及人、阿拉伯半島的居民、波斯人和印度人利用印度洋上的季節風，駕駛船隻，來往於西南亞、南亞和東非海岸之間。

七世紀阿拉伯帝國興起後，東非沿海地區被納入穆斯林貿易世界，許多阿拉伯和波斯商人前來東非沿岸貿易、定居，與當地的班圖人融合，共創了斯瓦希里文明，在東非沿海建立了

一系列以貿易為主的城邦。深處南部非洲內陸的莫諾莫塔帕王國很早就與東非沿岸保持貿易聯繫，位於今莫三比克的索法拉港是其對外貿易的中轉港，向外輸出黃金和象牙，輸入印度、波斯、中國等地的布匹、珠子、陶器和瓷器。

沿海城邦與內陸的貿易也很頻繁。從東非沿海通向內陸有四條商道；（一）是從肯亞的蒙巴薩向西至維多利亞湖北岸；（二）是從坦尚尼亞的巴加莫約向西至坦干伊加湖周圍地帶；（三）是從坦尚尼亞南部的基爾瓦通往今津巴布韋的東部邊境；（四）是從索法拉直達津巴布韋的腹地。

在黑非洲的地區貿易中，「物物交換」是主要形式。黑人進行物物交換時，特別講究誠實、守信，在言語不通的部落和民族之間的「啞巴交易」也是如此。中世紀阿拉伯作家雅庫特在其《地名詞典》一書中，對阿拉伯商人在古迦納王國的「啞巴交易」做了如下記述：

商人們「敲響隨身攜帶的大鼓，凡當地人民所住之處，都能聽到鼓聲……商人們斷定那些人已經聽到鼓聲，於是就擺開各人所帶的貨物，各種商品分門別類地陳列。然後他們離開這個地點大約一天路程的地方。這時候，蘇丹人帶了黃金來到這裡，在每一類貨物旁邊放上一定數量的黃金，然後離去。接著，商人們就來收取放在自己貨物旁邊的黃金，將貨物留下。最後商人們擊鼓離去。」❷

如某個商人感到黑人所留的黃金不夠，他可以不取黃金，直接將自己的貨物帶走。除了物物交換，交換的等價物也已出現。一些漂亮的貝殼和珠子作為等價物，流行於許多部落。

---

❷ 轉引自奧耳迭羅格：《十五、十九世紀的西蘇丹》，上海人民出版社，一九七三年，第 93 ～ 94 頁。

十九世紀晚期，丁廉在東非見到：物是「市鏖交易，不尚銀錢，以蛤殼代。凡購辦貨物，均屬乎此。鄉人傭工於人，每日工值僅二殼或三殼。每三殼易一雞，六殼易一日糧，二殼易包穀數十枚。」❸

在西非豪薩城邦時期，商人的通貨主要是布匹、食鹽。奴隸也被當成通貨使用。東非城邦基爾瓦則有了銅和銀製成的錢幣，上面鑄有國王哈桑的頭像。盛產銅的比亞和剛果陸續出現了銅十字形貨幣。商品流通的過程中，為了知道物品的重量，在某些地區還誕生了度量衡。如盛產黃金的阿散蒂就出現了用來稱金砂的秤鉈、砝碼和陶瓷圓盤。

貿易的發展促進了交通和運輸工具的改進。黑人搬運貨物，除了大件用手提外，傳統方法是用頭頂。他們幾乎從很小的時候起，就養成了頭頂東西的習慣，用頭頂小到一個碗、盆，大到數十斤的水桶、成串的香蕉。在黑非洲，每天的日常用水都由婦女和兒童靠頭頂運回。旱季的時候，水源有時會在幾公里以外，這對婦女、兒童來說，是每天要做的一件又苦又累的活。但是，頭頂運輸必定受到距離和重量的限制。當貨物較多，運輸的距離又較遠的時候，靠頭頂就不行了。

自公元一世紀駱駝被引進黑非洲之後，單峰駱駝就成了赤道以北內陸運輸的主要交通工具，尤其是在沙漠乾旱地區。內地河道地區主要靠獨木舟。從岩石壁畫中可看出，從史前時代起，非洲就有了獨木舟。這種傳統的運輸工具既可載客，又可運貨。大的獨木舟可一次載客十餘人。尼羅河上游地區因為缺少大樹作獨木舟，當地的蘇丹人就把蘆葦桿子紮在一起，做成一種叫「什魯克」的小划子，一次能載客3人。

---

❸　艾周昌編注：《中非關係史文選》，第一〇四頁。

一直到十九世紀，它還是白尼羅河上主要的運輸工具。獨木舟在非洲沿海短途運輸中也能見到，但它不適應在大風大浪的海洋中作長途運輸。為此，東非的城邦在十二世紀發展了自己的造船業。他們所造的船是一種輕型船隻，方法是用椰樹纖維將木板縫在一起，然後用香料和樹膠製成的黑色柏油進行密縫膠合。不用鐵釘，卻牢固異常，經受得住印度洋上的狂風巨浪。

但是，由於內陸交通的不便，特別是各大河流的可航距離都很短，就整體而言，黑人傳統的貿易活動呈區域化發展，撒哈拉以南的非洲始終未形成一個整體的貿易網絡。

擋雨又避暑的茅屋佳作

黑非洲在氣候上的特點是高溫和降雨集中。為了對付這種不利的自然條件，黑人各族經過祖祖輩輩的實踐，設計出一些既能擋雨，又能有利於避暑的茅屋。「茅屋」顧名思義，就是「結茅為屋」。黑人各族茅屋的基本特徵是：上端呈尖頂或圓頂狀——這是為了躲避雨季時狂風暴雨的需要；牆體的形狀雖然多樣，有圓形、長方形、正方形等，但房屋一般都很少或不設窗戶，人進去後會感覺到光線很暗，卻又給人非常涼爽的感覺，因為白天戶外的熱浪被有效地擋在這種不起眼的茅屋之外；建築材料是隨處可見的茅草、樹枝和泥土，幾乎是不經加工地將它們搭建在一起便成了房屋。不過，由於各地自然環境的差異和從事經濟活動的不同，黑人各族設計的茅屋又都呈現出自己的特色。

生活在喀麥隆西部的巴米勒克人，其房頂呈圓錐形，上面

覆蓋著厚厚的茅草，四方形的牆壁用樹棍和泥土建成。茅屋的立柱、橫樑都是當地的上等木料，並雕刻有粗獷生動的人物畫像；門用竹子紮成，有的上面刻有幾何圖案；地基和房門一般高出地面50公分，以防雨水進入和野獸闖入。有的茅屋內還搭建了簡易的閣樓，以儲存玉米、高粱、花生等。這種蘑話形的房子每幢一戶，6～8個就構成一個家族居住區。

瑪薩人設計的是一種蛋形茅屋。它一般高5～7米，底部直徑3～4米，構造十分新穎、別緻。蛋殼是用摻有茅草的泥糊成的，底部20—30釐米厚，越往上越薄，到頂部時僅5～6釐米厚。蛋殼形的泥牆不用支撐框架，完全靠手一圈一圈地向上糊泥，逐圈縮小，到頂部便縮成一個小通氣口。外牆自然形成了一級級階梯，不僅美觀，還可以供人們爬上頂端，以便在下雨時用茅草蓋住通氣口，或必要時對牆體進行修補。房屋的內牆卻非常光滑平整，牆上釘了一排小木樁，以便掛衣帽、農具等物。這種蛋形茅屋符合力學原理，儘管沒有木架支撐，也十分結實牢靠；同時由於它既高且大，頂上有通風口，因此可以使人安全避暑。它的建造，充分顯示了瑪薩人的聰明才智。

富拉尼人是西非最大的遊牧民族。由於常年流動放牧，他們沒有固定的住所，房子多屬季節性。每到一個新的地方，他們就選擇有水源、地勢較高的地方作為他們的臨時村落。一個村落常由幾個大家庭組成，一個大家庭又由若干個小家庭組成。每個小家庭都有一個小小的安身之所，稱為「部卡」，是用樹枝、茅草或莊稼葉子搭成。「部卡」比較簡陋，但其布局很有特色。德高望重的老人和首長的「部卡」建在地理位置最好的地方，已婚夫婦和未成年孩子的「部卡」建在離畜群較遠的地方，未婚年輕人的「部卡」則建在畜群旁邊。為了防止牲畜在夜裡走失，他們用荊棘紮成牲畜圈，留一個朝西開的門，

並在東北面掛一些草簾子，以抵禦經常來自沙漠地區的「哈馬丹風」襲擊。「部卡」裡面的陳設也很簡單，一般只有席子、葫蘆瓢、灶具、擠奶器皿等。現在，富拉尼人中已有少數在鄉鎮定居下來，以泥土為主要建築材料，建起圓形尖頂的土牆茅屋，或長方形的平頂泥屋。

　　在東非肯亞和坦尚尼亞內地，以遊牧為生的馬薩伊人與西非的富拉尼人一樣，住房也多是臨時性的，但彼此有很大的差異。馬薩伊人建房時，先將一些柔軟易彎的木桿或樹枝在地上插成橢圓形，在上端的弓形處用柱子進行固定支撐，然後鋪上事先準備好的草簾或成捆的長茅草，再抹上一層摻有鮮牛糞的泥巴。四周不設窗戶，入口處用帶刺的樹枝編成的柵欄遮擋。房內的陳設很簡單，沒有床，高出一塊的地方就是人們睡覺的場所，上面鋪著乾草或駱駝皮。床旁有一個用石頭堆成的灶台和用樹枝編成的器皿架。幾塊大小不等的石頭就是他們的桌子和凳子。牲畜關在房屋旁邊，四周用樹枝圍成一個籬笆柵欄。經過幾個月的放牧，當附近的牧草被吃光，馬薩伊人便帶著屈指可數的幾件「家具」，趕著牲畜，毫不留情地告別舊居，另尋新的生活區而去。

　　在南部非洲的萊索托，索托人傳統住房的外形也像一個圓頂的大蘑菇，上面是茅草頂，牆用泥巴糊在樹棍上而成。比較奇特的是他們的糧倉。糧倉看上去像一個豎起來的大田螺，兩頭小，中間大，上端是一個去了頂的倉口。它高約一‧五米，中間最大直徑也有一‧五米左右，可裝糧食五、六百斤，夠一家人在旱季時食用。做這種糧倉有一定的難度。先用韌性較好的樹條，按經緯線交錯，紮成一個大田螺的形狀，然後分數次糊上摻草的泥巴。這種糧倉既可裝較多的糧食，又可承受暴雨的襲擊。

用石頭造就建築奇蹟

黑人建築除了茅草屋之外，在東北非的蘇丹、衣索比亞，南部非洲的津巴布韋，東非和西非沿海的城鎮，還存在許多以石頭為主要建築材料的大型建築。這其中以阿克蘇姆的石頭建築和大津巴布韋的石頭建築最具代表性。它們創下了非洲古代建築史上的奇蹟，是黑人建築才能的高度體現，給後人留下了「北有阿克蘇姆石碑，南有津巴布韋石頭城」的說法。

阿克蘇姆王國興起於公元前後，至公元十世紀衰亡，其統治範圍主要是今衣索比亞北部和厄立特里亞西部地區。阿克蘇姆時代興建的大型建築包括石頭宮殿、教堂和石碑等。它們大都已變成廢墟，保存完好至今的只有極少數。阿克蘇姆建築的主要特徵是使用石料，建築布局呈正方形或長方形，突出部分和凹進部分有規律地交錯著，無論是教堂，還是其他大型建築，都是建在有多層台階的底座上。主體建築周圍是一些附屬建築物，中間以小院隔開。這種石砌建築除了泥漿外，不用任何其它粘合劑。阿克蘇姆人在建築材料中已增加了木料一項，門窗框架和屋頂的橫梁都用木料製成，並用木托梁加固房子的四角。建築物的牆面一般是粗糙的方形石料結合體，木製橫梁的末端被雕成猴頭形狀，雨水槽的末端則飾以獅頭形的出水口，形成自然而豐富的造型。

鼎盛時期，阿克蘇姆國王為了顯示自己的富有和權威，到處修建規模巨大的宮殿、城堡等建築物。在阿克蘇姆城遺址，已發現三所巨大的正方形宮殿遺址。其中規模最大的是恩達西蒙宮，四邊均長三十五米。王宮四周有庭院和構成長方形的成套附屬建築，如塔卡馬利亞姆宮的庭院長約一二〇米、寬八十五米。在阿克蘇姆城西部的棟古拉發現的一座約建於七世紀的

城堡遺址，占地約三千平方米，其圍牆形成一個不規則的四邊形，一邊長五十七米，另一邊長五六‧五米，遺址中央殘留至今的牆還有五米高。建築風格朝著宏大、華美的方向發展，一方面反映了阿克蘇姆此時財力的雄厚和建築技術的發展，另一方面也反映出阿克蘇姆統治者君主意識的加強，希望通過這些龐大建築物的建造，加強百姓對當權者的敬畏之心，同時也是統治階層越來越追求舒適豪華之生活的反映。

　　巨型獨塊石碑是阿克蘇姆文明的標誌性建築，現今已發現一二〇多座。這些石碑一般高3～4米，最高的達35米，都是從巨大的花崗石上開鑿下來做成，多數坐落在一個大的石塊平台上。它們在造型上分成兩種：一種是加工比較粗糙，放置也很隨便，只是散布於曠野，目的是為了標出墳墓；另一種經過精心加工，石碑四面都很平滑，上有裝飾性的雕刻，且頂部呈弧形。在阿克蘇姆城，曾有一個由七座石碑組成的石碑群，現僅存一座還聳立著，有五座已倒塌，另一座在一九三六～一九四一年意大利侵占衣索比亞期間，被掠往羅馬，豎立在卡拉卡拉劇院附近。石碑上雕刻模擬的常常是多層建築。在那座33米高的石碑上，正面雕的是一個9層建築，門、窗、梁等一應俱全。另一座石碑刻的不是建築物，而是在兩面傾斜的碑頂下面刻著一面類似盾牌的圖案。不少石碑上刻有銘文，記載著國王的業績。顯然，建造這些石碑的目的是為了紀念已故的統治者。但石碑上的不同造型和圖案的真正含意何在，還是個謎。另外，建造這些巨大石碑的石料來自何處，它們又是怎樣被豎立起來，人們還很難給以確切的解釋。雖然在阿克蘇姆西邊高山處有一個古老的採石場，並且還有一塊長27米的巨石似乎已被粗加工過，尚未來得及運走，但還不足以說明所有的石料都來自這裡。其中還有一個運輸問題。

「津巴布韋」在南班圖語中意為「石頭建築」。從安哥拉到莫三比克，從南非德蘭士瓦北部到津巴布韋北部，迄今已發現班圖人留下的石頭古建築五百多處。其中規模最大、最宏偉壯觀的石頭建築群是位於今津巴布韋共和國的「大津巴布韋」遺址。

　　「大津巴布韋」的發現本屬偶然。一八六八年的一天，一位名叫亞當‧倫德斯的葡萄牙人在津巴布韋首都哈拉雷南面三百公里處打獵時，跟蹤一頭野獸至此，才突然發現這片石頭建築。消息傳出，許多考古學家慕名而來，進行了長達數十年的考古發掘。最終查明，這座遺址占地一〇八〇〇畝，分橢圓形「大圍牆」和衛城兩個部分，建有房屋、城牆、宮殿和神廟等，共由90多萬塊當地花崗岩石塊砌成，不用灰漿，卻非常結實。其構思之巧、技術之精，堪稱黑非洲建築之一絕。

　　著名的石頭大圍牆始建於十四世紀，是津巴布韋遺址的主體，位於山下的一塊平地上。圍牆長約二四〇米，平均高度為七‧三米，頂部寬一‧三～三‧六米，底寬約五米，所圍的面積為四六〇〇平方米，有三個出入口。牆心用碎石，內外壁則是平砌的石頭。圍牆內還築有一道未完工的內牆，呈半圓形，長約九十米。圍牆內有一個牛欄和幾處住房遺址，由傳統的茅草和泥土牆構成，可能是統治者的住所。在大圍牆外，還有幾處較小的石頭圍牆，可能是統治者的親屬或富商的住所。當時，貧窮的臣民住在這些院落之外擁擠的茅屋裡。圍牆的東北部出入口處有一座高11米、底部直徑約6米、頂部直徑約2米的圓錐形石塔，非常引人矚目。石塔的石塊之間沒有用灰漿砌合，但堆積得異常牢固、平整，說明這建築的主人已經掌握了建築、幾何、力學等方面的複雜知識。

　　據歷史學家考證，這座石塔是當年王室用於祭祀的，可稱

之為「祭神塔」。整個石頭大圍牆及其附屬建築，是歐洲殖民者入侵前，撒哈拉以南非洲最大的建築群。

衛城距大圍牆約六百米，建在一座石壁陡峭，高約百米的小山上，由一道又一道圍牆組成，牆高一米多，用石片砌成。圍牆上開了一個能容一人側身而過的狹窄石門。只有通過這道石門，才能進入山頂用石頭築成的橢圓形院子。因此，這道石門的修建，大有「一夫當關，萬人莫開」之勢。站在衛城上，可以俯瞰山下的石頭大圍牆。從整個大津巴布韋遺址的布局看來，衛城顯然具有防禦功能，是護衛居住在「石頭大圍牆」內的居民之屏障。

在這片遺址中還出土了大量珍貴文物，如紡錘、鐵質箭頭和矛頭、葉形鐵鋤和斧子、鑄鐵的熔爐和鑄造十字形銅幣的泥模，阿拉伯和波斯的玻璃器皿，印度的串珠、金銀飾品，以及數百件中國瓷器的殘片等。大圍牆頂部的石壁上還發現了8件被後人稱為「津巴布韋鳥」的文物。它高約50釐米，用附近出產的軟質皂石雕刻而成，身子像鷹，頭像鴿子，脖子直挺，翅膀緊貼身體，給人一種雄健的感覺。這種皂石鳥是當時人們敬奉的一種神鳥，出自十四、十五世紀卡倫加人的能工巧匠之手，工藝精巧，造型美觀。最初被發現時，歐洲人根本不相信它是當地黑人所能創造。一九八○年津巴布韋獨立時，該鳥的圖案被繪到了國旗上，作為國家的象徵。

這樣一個龐大的石頭建築群不可能在短時間內建成。對於它建於何時，由何人所建，從遺址發現的時候開始，就引起了不少爭論。十九世紀末，以毛赫為代表的部分歐洲人認為：落後、愚昧的黑人不可能建成如此龐大、複雜、精巧的石頭建築。他們「考證」說：大津巴布韋的衛城就是仿照《聖經》上講的莫里亞山上所羅門王的廟宇而建，大圍牆內的建築是抄襲

公元前十世紀示巴女王在耶路撒冷時曾住過的宮殿式樣。當時的英國殖民主義者羅得斯便以此為誘餌，說這裡就是古代的黃金產地，吸引了許多白人移民來此。還有人認為這遺址是古埃及人、腓尼基人或印度人留下來的。

這些說法給遺址蒙上了神祕的色彩。直到一九〇六年，英國考古學家蘭德爾‧麥克維爾才首次提出遺址是非洲人建造的觀點。後來，隨著科學的發達，通過對遺址用放射性碳十四進行測試，使這個觀點得到了驗證和深化。原來，它是南班圖人長年累月，集體智慧的結晶，是不同時期黑人文化沉積的結果。它約始建於公元四世紀，建造的主人是來自北方、已會製作鐵器的南班圖人的一支。後來經過多次擴建。十三世紀時，南班圖人的一支紹納人建立了莫諾莫塔帕王國，其都城便設在這裡，並在十三～十四世紀進行了大規模改建。十六世紀，莫諾莫塔帕王國衰落，大津巴布韋遂人走樓空，逐漸成為一片廢墟。

發展民族經濟，不忘對外開放

從二十世紀六〇年代起，黑非洲民族解放運動風起雲湧，誕生了一個又一個民族獨立國家，黑人各族適應自然與改造自然的鬥爭進入一個新階段。幾乎所有國家在獨立後，都積極清除殖民時代留下的陰影，沒收原宗主國和外國資本家在殖民地留下的工商企業，大力發展民族經濟。在這個過程中，各國民族經濟雖然有了不同程度的提高，但整體經濟發展速度不快，有的國民生產總值甚至出現了倒退。可是，也有的國家領導人採取了務實政策，在發展民族經濟的同時，不忘對外開放，積

極引進外資，使國家經濟比殖民時代更有了質的飛躍。西非的象牙海岸就是其中的典型。

象牙海岸共和國（舊稱科特迪瓦）是非洲的一個小國，面積只有三二‧二五萬平方公里。一九六〇年獨立時，幾乎沒有什麼像樣的工業，全國僅有五十家小型工廠和作坊，人均產值約一五〇美元。對此，當時的第一任總統博瓦尼提出：「沒有經濟獨立，政治獨立就毫無價值。」「挨餓的人就不是自由的人。」表示國家的首要任務是迅速發展民族經濟。在具體發展政策上，該國領導人清醒地認識到，如像別國一樣採取大規模國有化政策，必然導致大量外資的流失，新的外資又不敢進入。這樣，經濟建設所需的大量資金、先進技術及其使用和管理人才就難以從國外獲得。因此，在發展民族經濟的過程中，實行以自由、體諒為本國經濟發展的方向，鼓勵自由競爭和對外開放。該國在二十世紀六〇年代初就提出「必須接受外國資本和現代化的生產技術」，明確宣布對外資不實行國有化，採取自由開放政策，成為當時堅持對外開放政策的為數較少的幾個發展中國家之一。

為吸引外資和為經濟發展創造必要的條件，象牙海岸積極貫徹交通運輸、通訊、能源等基礎設施部門先行的方針，大力建設海陸空運輸網和現代化的通訊系統，擴建水電站；實行開放性的移民政策，大量吸收鄰國約廉價勞動力，為外國投資者提供了一個較大、有選擇餘地的勞動力市場；注重健全引進外資的法規、法律，制定了一系列投資法，在稅收、信貸、原料和市場等方面給外商以明確的承諾，保證繼續留在法郎區，外資及其利潤可自由匯出國外。在實行「經濟外交」中，注意多方位引進外資。象牙海岸過去是法國的殖民地，在經濟上與法國聯繫密切。獨立後，該國在繼續維持同法國的傳統經濟關係

的同時，積極擴大與別國的經貿關係，爭取從其他國家和國際金融機構吸收外援、外資。這樣，可利用外資、外商之間的競爭，爭取「擇優選良」的機會，在吸收各國先進技術和管理經驗方面博採眾長，減少對某一國的過分依賴。

對引進的外資，國家根據經濟發展的需要，在投資的部門、形式和比例等方面積極引導，以避免投資的無政府狀態，使外資的引進和利用納入國家經濟發展軌道，以增加經濟效益。對那些可以利用本國的原料生產出口產品的部門、能帶來先進技術和管理水平的部門、本國無力開發的重要能源或資源部門以及經濟計畫中需優先發展的部門，政府都鼓勵外商投資。為了有利於建立面向出口的經濟結構，政府特別對外資新建的出口企業給予補貼、減稅或免稅等優惠措施。外商投資的形式可多樣化，如外資獨資經營、多國混合公司、合資企業等。機器製造、化工、石油勘探和提煉等部門為該國經濟發展所急需，但本國缺少資金、技術和管理人員，因而鼓勵外商直接投資，或組織多國混合公司投資。在本國已有一定基礎的工業部門，多採取合資企業的形式，儘量限制外資的比例，逐年增加本國資本的股份，達到保護和壯大民族工業的目的。

由於政策實施得當，源源不斷的外資解決了象牙海岸經濟發展的資金問題。一九六〇～一九七七年間，該國從法、意、加、比等西方國家和世界銀行等國際金融機構中，共獲得外援三五五九億非洲法郎。一九六三～一九七九年間，外國的直接投資也持續穩定增長，年投資額由一九六三年的二六〇萬法郎，增加到一九七九年的二一一〇萬法郎。結果，在二十世紀六〇和七〇年代，象牙海岸的經濟得以迅速發展，國內生產總值的年均增長率一九六〇～七〇年為8％，一九七〇～八〇年為6.7％，其中，一九七四年和一九七八年曾分別達到11.3％和

12％的高增長率。在此期間，象牙海岸的產業結構也發生了明顯的變化，以農業為主，包括林牧漁業的第一產業部門從一九六〇年的46.8％，下降到一九八〇年的31％；以工業和建築業為主的第二產業部門從一九六〇年的15.2％，上升到一九八〇年的26.9％；以服務業和運輸業為主的第三產業部門從一九六〇年的38％，上升到一九八〇年的42.1％。到一九八〇年時，象牙海岸的人均國民收入達到了一二五三美元，比一九六〇年獨立時增長了八倍多。❹象牙海岸在獨立後取得的經濟成就，一時被譽為「西非經濟櫥窗」，展示了在符合本國國情的政策指引下，黑人完全有能力發展現代經濟。

---

❹　英國：《非洲研究公報》（經濟月刊），一九八一年五月號。

Chapter 3
黑人傳統社會的架構

　　任何一個社會都有其自身的組織結構和運行規則，黑非洲也不例外。黑人創建的傳統社會結構可以用「家族—村社—王國」這樣的簡單圖式來表示。在漫長的歷史發展中，黑非洲儘管有過多次社會文化變遷，但這種結構以其頑強的生命力保留了下來，顯示了黑人傳統社會謎一樣的獨特性。

大家庭：傳統社會的基石

　　黑人奠定自己傳統社會的基石是大家庭。之所以稱之為「大家庭」，是因為其家庭成員不僅包括祖父母、父母及子女這些直系親屬，還包括叔伯、堂兄弟（姐妹）等旁系親屬及其子女，以及外來的無血緣關係的男子及其妻子、子女等。雖然他們有時可能不住在一起，各有自己的茅屋，但在觀念上仍是

一家人。如一個小孩的父母發生不測而成為孤兒時，他的已成年的旁系親屬有義務撫養他。因此，這樣的大家庭與「家族」是有差別的。各個大家庭的規模不等，少則十幾人，多者達一～二百人，甚至更多。

在這樣的大家庭中，成員之間的稱謂一般按類分原則，即祖父一輩的人全用一個稱謂，孫子一輩的人也用一個稱謂，用語法的詞尾區分男女。堂兄弟、堂姐妹的稱謂與親兄弟、親姐妹的稱謂一樣；表兄弟、表姐妹的稱謂則有所不同。在整個蘇丹地帶的黑人各族中，大家庭內部屬於同一代人的所有成員，不論其真實的血緣如何，一律被稱為「兄弟」或「姊妹」。像這樣，祖輩上一代人均被稱作「祖父」或「祖母」，父輩上一代人均被稱作「父親」或「母親」，依此類推，晚輩的那代人均被稱作「兒子」或「女兒」等等。由此，同一個人可以有幾十個「父親」、「母親」、「兄弟」或「兒子」。這種劃分使大家庭富有很強的親和力。

禮儀上，親生父母及其子女之間、上下輩之間、兒女親家之間相處時，有不許直視對方、不許同對方交談、對方在場時不許進餐、不許直稱對方姓名等禮儀規定。乍看起來，這似乎與東方民族的長幼有序、男女有別、君臣父子等尊卑觀念相似，實際上是不同的。這種禮儀制度的主要目的是確保同一血緣群體外婚制這個根本原則。如霍屯督人為了避免在性和婚姻關係上破壞血緣關係原則，同父母所生子女到了一定的年齡後，絕對禁止兄弟與姊妹之間對談和單獨在一起。但是，大家庭的成員可以互相譏笑、嘲諷、饞罵，尤其是與母親家族的成員在一起時更是如此。如豪薩人中，孩子們可以與權威甚重的舅父家的子女互為遊伴，節日期間互相侮慢、嘲弄、推撞都不算失禮；與舅父母也可以縱情恣樂，甚至和「祖父母」也可以

進行不分大小的遊戲。霍屯督人也有同樣的情況，人們對舅舅可以極為隨便，一個男孩可以在舅舅家為所欲為而不受責備，也可以不經容許，把舅舅家的牲畜牽走，舅舅也不會要求賠償。

大家庭之下常常分為若干個子家庭。這些子家庭是通過父母—子女的紐帶聯繫在一起的。常見的子家庭由一夫一妻制和一夫多妻制構成，以一夫多妻制最普遍。在一夫多妻制下，除了信奉伊斯蘭教者之外，一家之長的男子娶妻數目雖然沒有限制，但實際上能娶三個以上的人都是極少數的酋長和國王。家長的妻子有正妻（父母操辦的婚姻）、貴妻（自己從有錢人家娶來的）和妾（作為奴僕娶來，充當勞動力）之分。一個男人娶妻的多少，是衡量他財富多寡和社會地位的標準之一。在把牛看成是財富象徵的班圖人各族中，禮聘多以牛為主。在烏干達，就流傳「娶一個老婆花幾頭牛」的說法。

在布須曼人、霍屯督人、博尼人和班布蒂人等較原始的部落中，大部分是實施一夫一妻制的家庭。他們的婚姻通常是在兩個氏族之間的同輩兄弟姐妹之間進行，並實行換婚制：一個小伙子要娶某個姑娘，那他必須把自己的姊妹或堂（表）姊妹許配給女方的兄弟或堂（表）兄弟。為了避免亂倫，兄弟和姊妹長大後必須互相迴避。岳母和女婿之間也是如此。

每個子家庭都有自己的茅屋，孩子結婚以後便另建茅屋居住，從而構成一個新的子家庭。但彼此離得很近，勞動依然在一起。因此，大家庭是傳統社會中生產和分配的基層單位。由家長向每家、每一代人分配土地耕種，分配牲畜放牧。等到收獲季節，同樣由家長分配勞動果實。大家庭的家長人選在父系大家庭和母系大家庭是不一樣的。在父系大家庭中，男性起著支配作用，權力由作為家長的年齡最長的男性掌握。他對大家

庭的財產，包括住房、土地、牲畜、農具及供役使的奴隸，都有權支配。家長的繼承採用父子相讓制。若家長無子，則兄終弟及；沒有弟弟，死後的財產由他的姊姊代管。母系大家庭的家長職位由最年長的舅舅擔任。在迦納阿肯人、索寧克人和蘇丹的努巴人等社會中，都可以看到這種類型的家庭。但從整個黑非洲來講，母系大家庭已較少見。

無論是父系大家庭還是母系大家庭，因為有共同的血緣關係，家庭的紐帶是很牢固的，家中成員遵守集體的行為規則，崇拜共同的祖先。對祖先的崇拜幾乎存在於黑人各族中。黑人普遍認為，人是有靈魂的，是靈魂使人的軀體具有生氣、活力。人死後，靈魂便同肉體分離，進入亡靈世界，開始過與活人相反的生活，如走路是往後退，夜晚是白天，等等。

在這種「有靈論」的思想支配下，他們在一些重大活動開始之前，如結婚、成人儀式、出征等，常舉行祭祖儀式。祭禮由家長主持，體現了家長的最高權威。只有家長才有向已故的祖先求情的權利。祭祀時，他們把精心保存的祖先人像放在神龕前，然後供奉祭品，祈求祖先神靈的保護。這些祖先神像有的是木雕，有的是銅雕——早年則以赤陶頭像為主。迦納的阿散蒂人每三周集體祭祖一次。祭祀時，擺放的不是祖先人像，而是祖先生前坐過的凳子。他們認為，祖先的靈魂與他們的凳子密切相關，每張小凳代表一個祖先。儀式上，先把水灑在地上，表示給祖先「洗手」；然後在每張小凳子前放一個盤子，裡面盛些酒和搗爛的芋頭或芭蕉，有時還以雞、羊等家禽、牲畜為祭品。平時由各家自行祭祖，老人們每天早晨往地上灑點水或酒，以祭奠祖先；吃飯時，把第一口飯扔到地上，讓祖先先嘗。集體祭祖儀式結束後，全體成員要在公共廣場上跳舞，以舞蹈的形式表達對祖先靈魂的敬意。

在南班圖人的唐加部落裡，如果兄弟倆吵了架，做弟弟的總是要安排一次和兄長講和的祭祀，為的是兄長可以代表他再次向祖先的神靈求情。

若干個大家庭，有時是一個大家庭就組成一個氏族。他們集中在一起，構成了自然村。村社就是以村莊為單位，自願組成的地方共同體。它與氏族的區別主要是按地域劃分，同一村社的成員不一定具有血緣關係。土地及其他自然資源歸村莊集體所有，由村長分給各個家庭使用。村長由最早到來的大家庭的家長擔任。所以，實行土地共同占有和共同耕作的大家庭是村社存在的基礎。在資本主義經濟不發達的情況下，黑人傳統的大家庭及村社制還頑強地保存著，成為一種超穩定結構，並且至今仍制約著人們的政治、社會和經濟生活。

酋長：部落裡的「天然領袖」

家長只能管理一個家庭，不足以承擔管理全社會的責任。在黑非洲傳統社會裡，管理一個村莊，甚至更大的區域單位，黑人確立的是酋長制。在人類社會發展史上，酋長最初是從原始的氏族制度發展演變而來的。黑非洲也是如此，但它在這裡延續的時間特別長；並且，無論是過去還是現在，酋長在社會經濟生活中都占有舉足輕重的地位，起到了指揮棒的作用。

酋長有大小之分，一般分為一、二、三級。一級酋長是部落聯盟的最高統治者，有時被稱為酋長國的「國王」；二級酋長是幾個氏族組成的某一部落的首領；三級酋長相當於村社的村長。

起初，酋長由最早到來的大家庭的家長擔任。當這個大家

庭衰落了，便改由村社中德高望重的人擔任，職位是終身制。誰是村社中德高眾重的人，由村的議事會決定。議事會又可稱為長老會議，由各家族或家庭的家長組成。酋長必須根據議事會的意見，合理地使用權力。對於有爭議的問題，不是機械性地採取按人數同意的多寡做出決定，而是讓人們充分發表自己的意見，然後酋長根據自己的領會，綜述大家的一般意向。也就是說，「一個酋長沒有自己的意見，他只能表達人民的意見。」

在西非阿散蒂人那裡，一村的酋長是幾個村聯合在一起的高一級議事會的成員；這個高一級議事會的酋長又是更高一級，即部落聯盟議事會的成員，部落聯盟議事會的酋長便組成了阿散蒂王國議事會。

酋長推舉制後來由於氏族成員的財富分化而衰落，逐漸演變為世襲制。酋長世襲的方式分父系相傳和母系相傳兩種。父系相傳就是子承父職。當酋長年老體衰或去世，由其兒子繼任。若酋長本人沒有兒子，可由其兄弟的兒子作繼承人。在有些部落，繼承酋長的職位，還同時繼承其土地、財產、妻妾和其它權利，以避免繼位時發生混亂。母系相傳即由外甥繼承舅父的職位——這種繼位方法長期流行於迦納中部和南部。

在世襲酋長制下，村議事會和部落議事會變成輔佐執政、管理內部事務的顧問機構，幾乎沒有什麼實際權力。相反，酋長大權在握，決定著他所管轄之範圍內大大小小的事情。他既是世俗首領，又是宗教領袖，被稱作「天然的統治者」。酋長掌握集體財產的分配權，包括土地的分配權。一個酋長擁有的權力大小同他擁有土地的多少成正比——土地越多，他能夠支配的人就越多，他本人也越富有。在黑非洲的廣大農村，土地表面上歸氏族集體所有，但土地的分配權和處理權都掌握在酋

長之手。由於許多地區實行休耕制，通常每隔三、五年後，就有一批土地被閒置，那些失去土地的家庭就需要酋長重新給他們分配土地耕種。

在這種土地置換的過程中，一般而言，酋長處置的是比較公正得當的，但也不排除他將那些好地留給自己及其親屬。因此，酋長普遍是黑非洲擁有土地最多的階層，擁有三、五百公頃土地不等。那些缺地的村民或無地的外來民只能向酋長租種土地。每到耕種和收獲季節，這些租地的農民首先要到酋長的地裡幹活，待酋長地裡的活全部幹完，才能忙自己的，並將自己收獲產品的三分之一繳給酋長。屬於氏族公地的果園、草地、森林和礦山的三分之一產品也歸酋長所有。

酋長除了管理村社或部落的日常事務之外，還常常主持祭祖和祈福求雨儀式，被認為是村社中能與祖先神靈溝通、對話並保持特殊聯繫的人之一。在西非的豐人中，酋長每年主持一次公共祭祖儀式。舉行的具體日期由酋長占卜決定，並由他通知所有成員和收取費用。酋長在祭祖儀式上的作用包括祈禱，扮成某些重要的祖先跳舞，用水和酒祭奠，供奉多種熟食和雞、羊等活的牲畜。

作為權力和地位的標誌，酋長住的房子總是村中最大和最寬敞的。其中，三級酋長的住房與一般村民的區別，主要是他擁有一間與眾不同的大房子——這是酋長召集長老會議、決策事務的場所。一、二級酋長的住房有時被外來的旅行家稱為「宮殿」，修建得頗為雄偉壯觀。他們擁有的房屋多達十間，分為侍衛房、議事廳、子女學堂、會見廳和家眷內室等。房屋的門窗、牆壁常常經過裝飾，如在木柱和大門上雕刻祖先人像，或某一重要歷史事件。在許多村社中，特製的拐杖（權杖）和凳子是酋長權力的象徵。

在黑人傳統社會裡，酋長在他管轄的地區或部落享有絕對的權威，如同一個小國王一樣。即使在殖民統治期間，歐洲殖民者也不敢小視他們，對他們千方百計地進行拉攏，作為自己統治的支柱。在非洲國家普遍獲得獨立後，為了安定局勢和穩定政權，保證政府的方針能夠在廣大的鄉村貫徹實施，大多數國家對酋長採取了儘量利用和改造的政策，使這些「傳統領袖」成為民族政府的得力助手。相反，如果處理不當，國家的政局就會不穩。這就是古老的酋長制在當今的魅力所在。

老年是享有特權的時刻

在黑人傳統社會裡，老人是一個特殊的社會階層。當某人進入白髮蒼蒼的時期，或當了祖父母之後，就被人視為他（她）已是一個老年人了，應當受到各方面的尊重，人們會在他們的名字前面冠以某種尊稱。如在剛果（金）奎盧地區的安布恩人中，他們一般被稱作塔塔（老爹）、姆布塔（老人家），甚至被稱為恩庫倫圖（老首領），類似於中國人稱呼某個德高望眾的人「張老」、「王老」一樣。老年人除了白髮蒼蒼是他們的標誌外，有的部落還給老人配有首領才有的拐杖，它既能幫助老人行走方便，同時也是威望的象徵和權力的標誌，因而被稱為「權杖」。它不是一根普通的木棍子，上面通常都精心雕刻了具有象徵意義的圖形。如在安哥拉的庫班戈地區，權杖的上端呈人形，除了手以外，人體的其它部位都被刻了出來，並在額頭和身體上釘了許多圓銅釘。在安哥拉的卡皮科地區，權杖從上到下逐漸縮小，上端刻的是一個婦女的頭像，手握的部分正好是圓圓的髮飾。在西非貝寧的朱古地區，

權杖的下半段只是弄光滑了，未作雕刻，但杖頭上雕了一隻奇形怪狀的動物，其尖端像一個昂起的蛇頭。隨著年齡的增長和體力的衰弱，當老年人需要依賴他人過活時，所有家庭成員都有義務照料他（她）的生活，其中直接負責照顧他們的是家裡的年輕人。如他（她）是一個無依無靠的鰥寡老人，同氏族的其他成員就要負擔起照料的責任。在西非最大的遊牧民族富拉尼人中，老人住的「部卡」和酋長一樣，都是建在地理位置最好的土地，既通風又安全。

在黑非洲，老年人之所以倍受尊敬，一方面是因為大部分人壽命都比較短，能活到白髮蒼蒼者較少見，但更主要的是與黑人的宇宙觀和老人在社會中的作用有關。在黑人眼裡，生命如一條川流不息的長河，人類可以一代一代傳下去。他們相信來世，相信生命的連續性，認為人死後便開始了無形的靈魂生活，即祖先的生活。亡靈生活的無形世界包含著最大的生命力，祖先們總是把這種生命力傳給即將加入自己行列的老年人。在祖先崇拜盛行的非洲傳統社會，老年人被認為是生者與死者之間的聯繫人，自然處於一種特殊的地位。正如兒童一定會變成成年人、成年人一定會變為老年人、老年人又會成為祖先一樣，死去的祖先作為一種生命力，也會再次降生，完成宇宙間的生命循環。這種永不結束的生命就構成一種從生到死，又從死到生的循環運動。（見次頁圖示）

在上述循環往復的生命運動中，人的三個年齡階段各有其相應的職責：幼年是學習及長身體的時期，這時的精神發展處於孕育階段；成年人是從事社會財富的創造時期，

這時人達到了身體和精神兩方面的平衡；老年人是富有智慧的階段，是傳授知識的層級，是精神生命得到加強的時期。

老年人憑藉他們豐富的社會閱歷，對部落習慣法，宗教信

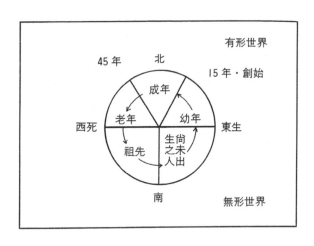

仰和生產、生活知識的熟練掌握，在部落教育方面可以發揮重要的作用，通過口頭傳授的方式，他們將把自己的生活經驗傳給下一代。民間流傳的諺語「老人的嘴臭氣難聞，說出來的話卻是金玉良言」、「老人的勸誡是菜裡的鹽」、「人老智慧至」等，講的就是這個道理。因此，在黑人傳統社會，老人的社會作用根本不存在「退休」問題——「即使老年人身體虛弱，他們的精神也不會退休。」「每當一位老人去世，就如毀了一座圖書館。」❶

老年人不僅在家裡具有絕對的權威，在社會上也倍受人們尊敬。在一些宗教儀式和慶典上，老年人常常被安排在顯要的位置。幾乎在所有的黑人部落裡，都有老年人組成的長老會議，老年人通過這個機構，與酋長一道維護著傳統社會的延續

---

❶ 恩桑·奧坎·卡布瓦薩：〈永恆的復生〉，載《信使》，一九八二年第 12 期，第 14 頁。

和發展。有些部落的酋長本身就規定由部落裡的長者擔任。有些地區，甚至認為一個沒有老人的村莊就好比一座被白蟻蛀壞的茅舍。在一個缺少文字傳承文明的社會裡，一代又一代的老人透過口頭傳授，是黑人傳統文化得以保存的一條重要途徑。

走向社會的一條必跨門檻

在現代社會，一個人走上社會之前必須進入學校，接受一定階段的義務教育，掌握基本的文化知識和勞動技能。而在黑人傳統社會裡，完成此項職能的是「成人儀式」。一個人只有在經歷了成人儀式這道必跨的門檻之後，才算正式進入社會，才能娶妻（嫁人）生子。成人儀式在黑人傳授技能和智慧方面起到了重要的作用。

許多部落為男女青年舉行的成人儀式並不是在某一時刻一次性完成，而是持續一段時間，從幾個月到半年不等，有的長達數年。這段期間，青年們學習本族的口述歷史、創世傳說，接受服從長者的教導，並參加一次或數次象徵成年的儀式。

從嚴格的意義上講，每個人告別孩提時代，進入成人時代，一條必跨的門檻就是「成人教育」，即「如何做一個成年人」的教育。進行成人教育，並無固定的校舍和專職的老師。舉辦的地點常選擇叢林深處，或其他偏僻的土地。老師就是村中的長者。每年旱季一到，村裡那些即將成年的孩子❷便在幾名德高望重的長輩帶領下，進入叢林深處的一塊祕密土地接受

---

❷ 年齡通常在十三、四歲，個別部落從八歲開始，但以後延續的時間便較長。

教育。此後一段時間，他們不准回家，不得會見任何局外人，過著與世隔絕的生活。

這種成人教育，男孩與女孩是分開進行的，對男孩的訓練比對女孩的時間長，也更加嚴格。長輩對男孩教育的重要內容是技能訓練，如翻地播種、狩獵捕魚、格鬥拚搏、雕刻編織和唱歌跳舞等，還經常組織孩子們爬山、游泳、拔河及摔跤等活動，幫助他們提高身體素質，抵禦各種疾病的侵襲。在多哥塔姆貝爾馬人的成人儀式中，男孩們在長者指導下，互相用細樹條廝打，或用木棍和草編盾牌演練戰爭場面，雙方不停地跳躍、叫喊，互相恐嚇，以此鍛鍊他們的勇敢和戰爭技巧。在南部非洲的茨瓦納人中，參加儀式的男子全身塗上白粘土，然後接受各種艱苦生活的磨煉，如忍受鞭苔、吃難以下咽的飯菜、涼季在河裡進行長時間的冷水浴、晚上睡在乾硬的地上等。其目的在於培養他們遵守族規的習慣，提高他們的生存能力。那些意志薄弱，身體承受不了這種艱苦訓練的人中途可以退出，次年再參加同樣的訓練。在東非南迪人的成人儀式上，長輩們是用刺人的蕁麻鞭打、把大黃蜂放在他們的背上，以考驗他們的勇氣和意志。

對女孩的訓練，主要是結合女子的生理特點，在年長的婦女指導下，使她們掌握成年女子所必須具備的各種知識和生活技巧，如烹調食物、田間農活、生兒育女、伺候丈夫、孝敬長輩等。有時，還根據本部落的特長，教她們學習某種特殊的手工技藝，如編織、製陶等。在茨瓦納人的女子成人儀式中，主要是接受性知識的教育、家務勞動的指導和習歌練舞。坦尚尼亞馬孔德人的女子成人儀式通常在晚上舉行，由一位老處女擔任教育長。一開始，她將意味深長的諺語和謎語用優美動聽的歌聲唱出來，以引起姑娘們的興趣，消除她們的恐懼感，繼而

對她們進行各方面的教育。

　　當一段時間的成人教育結束後，有的部落是由長輩帶領孩子們到湖畔或河裡痛痛快快地洗個澡，將身上的泥垢洗掉，象徵「淨身」。然後在身上塗一層彩色泥土，表示今後在生活的道路上能夠交上好運。回到村莊，村民們要為他（她）們舉行隆重的慶祝舞會。舞會上，孩子們戴上面具，通過舞蹈，演示他們已掌握的各種本領，男孩子以打獵、搏鬥、摔跤為主要內容，女孩子側重模仿將來做妻子時要做的各種事情。

　　這實際上成了孩子向家長、村民的彙報演出。至此，成人儀式算是告一段落。在某些部落，已經歷了成人儀式的男女往往在身上或頭上戴一個特殊標識。南部非洲的恩戈尼人是頭戴一個用動物蠟製成的頭圈，表示他（她）已是一個成年人。

　　這種成人儀式通過各種折磨和考驗，通過由長輩提供的性知識和各種技能教育，使那些未成年人集中地經歷了一次人生教育，告訴他們所要承擔的社會和家庭責任，以及需要遵守的部落法規。這對於促進部落的團結，訓練人們抵禦惡劣的自然條件，鍛鍊青年人的意志，無疑具有獨到的作用。

兼容並蓄，發展自身文明

　　世界各民族的發展有先有後，落後的民族完全可以借助其他民族的物質和精神文明，使自身得到迅速發展，並有可能趕上甚至超過所借助的民族。古代東北非阿克蘇姆文明發展的歷程就是一個很好的說明。它融合了許多南阿拉伯文明、基督教文明和庫施文明的因素，在多種文明混合的基礎上發展了自己的文明。

阿克蘇姆文明含括的範圍是今天衣索比亞北部和厄立特尼亞西半部地區。這裡是古代非洲、亞洲和歐洲交往的一個重要交會點，南來北往，穿梭不息的商旅貨船，使阿克蘇姆廣泛吸收外來文明成為可能。約公元前一〇〇〇年左右，生活在阿拉伯半島南端的薩巴人渡過紅海，進入厄立特尼亞。他們帶來了新的農業耕作技術（犁耕）和建築風格。現今在衣索比亞高原北端耶哈發現的文物、石碑和一些簡短的碑文都同在南阿拉伯發現者有驚人的相似之處，如獅身人面像、香壇、高聳的石柱建築等。但是，到了公元前幾個世紀，阿克蘇姆地區已不再是簡單地接收東來文明的影響，而是在過去接受影響的基礎上有了發展，如碑文的字體已與原來的南阿拉伯文有了很大的區別，一些器皿的造型和建築物的材料都有了變化。這表明一種新的文明正在東北非地區形成——它就是公元前後出現的阿克蘇姆王國。

　　阿克蘇姆在統治制度上不同於周邊地區，它實行的是中央集權制，全境分成阿克蘇姆本部和藩屬地兩大部分。國王從公元三世紀起，稱為「萬王之王」，擁有絕對的權威，他的意志即是法律。各藩屬地的統治者稱執政或總督，他們是「萬王之王」的臣屬，每年向其納貢。藩屬統治者有自己的附屬地，同樣每年從附屬地收取貢品。為了維護國王的權威和擴大版圖，阿克蘇姆擁有一支龐大的軍隊，由步兵、象騎兵和海軍組成。國王身邊還有一支武裝扈從，隨時聽他調遣。扈從隊平時由宮廷成員組成，戰時由他的衛隊組成。由於對外戰爭不斷，國家蓄集了許多戰俘奴隸。也有一些奴隸是奴隸販子從非洲內陸運來的。這些奴隸，除一部分被賣給外國奴隸販子，運往埃及或西亞外，大部分被留在阿克蘇姆，從事生產勞動和家務勞動，也有的作為禮品餽贈，甚至像牲口一樣，作為祭品被殺死。還

有許多奴隸被派去充當士兵，從事戰爭活動。儘管奴隸處於社會的最下層，但他們的地位還存在一定的變動性——有些奴隸因立下軍功或表現出非凡的才能，被提升為國家官吏或軍官。

在阿克蘇姆強盛時，其農牧業、手工業和對外貿易都頗為發達。農業和畜牧業是當地居民的主要產業，大部分人從事農牧業活動，其產品不僅滿足了本地消費的需要，還經由商船或商隊，運往國外出售。占有牲畜的多少是衡量一個人財富多寡和決定他社會地位的依據。因此，阿克蘇姆國王和各級統治者都非常重視畜牧業，在王宮裡專門設立了「掌牧官」一職，負責為國王掌管牲畜。歷屆國王通過各地的供奉，或對外發動掠奪戰爭，都占有大量牲畜。手工業中最重要的是製鐵業。阿克蘇姆的製鐵技術最初來自美羅埃，曾用後者的鐵加工成長矛、農業工具和其他日用品。美羅埃滅亡後，阿克蘇姆發展了自己的冶鐵業。對外貿易活躍是阿克蘇姆經濟活動中的一大特色。由於它地處東西方之間海上交通的要衝，其紅海沿岸有大小數十個港口，因而吸引了許多國家、地區的商船和商人來到境內，每年都有大批貨物進出它的港口。

一時之間，阿克蘇姆成為當時一流的世界貿易大國。在各港口中，阿杜利斯港貿易量最大。它是紅海地區海上貿易的中心，也是阿克蘇姆內陸交易的中心。當時輸出的物品包括：象牙、犀角、香料、金砂、奴隸和綠寶石等。其中有些商品並非產自阿克蘇姆，而是來自非洲內地，如黃金、寶石、奴隸等。由於象牙是愛好奢侈品的羅馬人必不可少的東西，象牙遂成為阿克蘇姆出口的最重要貨物，每年有很多象牙在阿杜利斯被裝船運出。象牙有的還被運到波斯、印度等地。阿克蘇姆進口的物品有：穀類、酒類、布匹、染料、芝麻油、甘蔗、玻璃製品等，其中大部分來自羅馬帝國，尤其是來自埃及，如用以盛酒

或油的雙耳細頸壺、玻璃器皿、金飾和用羅馬銀幣製成的項鍊、銅製燈具、銅質天平和砝碼等。

貿易的發展促進了貨幣的出現。約從公元三世紀起，阿克蘇姆開始鑄造金屬貨幣，成為黑非洲第一個鑄造金屬貨幣的國家。其鑄造的錢幣分金、銀、銅幣三種。從已發現的幾千枚古幣看，大部分是青銅幣，尺寸從 8 到 22 毫米不等。它們在重量、成色和形狀方面，與同時期地中海沿岸國家和拜占庭的貨幣基本相同，相異的只是鑄上了阿克蘇姆歷屆國王的肖像、徽記和銘文而已。銘文內容除了有國王的名字和其頭銜「阿克蘇姆萬王之王」或「阿克蘇姆國王」外，還有一些祝福性的話，即「祝願人民健康幸福」、「讓人民得到和平」、「蒙上帝恩惠」等等。

在外來文化影響下，阿克蘇姆經歷了從多神崇拜到信奉一神教——基督教的轉變。初期，人們崇拜自然界中天上和人間的種種物體，包括太陽、月亮、星星、大地和自己的祖先等。這些被神化的物體分別有自己的名稱，如阿斯塔爾神是金星的化身，陰間的貝赫爾和米德爾神都是大地的象徵。這種多神信仰也明顯受到外來宗教的影響。如薩巴人的部落神阿爾馬卡受到阿克蘇姆國王加達拉的崇拜，其聖地坐落於默拉左。在一些石碑上，雕有與埃及—美羅埃宗教信仰的人所信奉的哈索、普塔、荷拉斯等神相關的物品和聖甲蟲等等，以及埃及的生命長壽的象徵符號。

在阿克蘇姆城還發現了一些小佛像，很可能是信奉佛教的商人從印度帶來的。阿克蘇姆人對宗教的態度鮮明地體現了兼容並蓄的態度。公元三二〇年，埃扎納就任阿克蘇姆國王後，因受啟蒙老師、一位信奉基督教的希臘人弗魯門蒂烏斯的影響，改信了基督教，成為阿克蘇姆第一位皈依基督教的國王。

自此，教堂和修道院開始在阿克蘇姆巨石建築中占有一席之地。阿克蘇姆時期的教堂和修道院通常都修建於幾乎無法攀登的平頂山上，建築的難度很大。

在五～六世紀期間，《舊約全書》逐步由希臘文譯成蓋埃茲文，《聖經》逐漸在阿克蘇姆流行起來。但是，阿克蘇姆人對《聖經》中的人物和內容有自己的見解。他們最尊敬的人物是大衛和他的兒子所羅門，最喜愛的篇章是《詩篇》，認為每天早上讀它就可以避邪，就可以像大衛那樣，使上帝成為自己獨有的同盟者。

從公元七世紀起，阿克蘇姆文明逐漸走向衰落。主要是因為阿拉伯人的勢力日益強大之後，使原先東西方貿易途經紅海的商路北移，改走陸路，即把東來的船隻引入波斯灣後，將其貨物通過駱駝商隊，直接運至地中海沿岸，再裝船運往西方。這造成了紅海的過境貿易日益萎縮，也意味著阿克蘇姆繁榮的主要基礎失去了。阿克蘇姆首先喪失的是對南也門的控制。到了八世紀，阿拉伯人的勢力進一步向外擴張，占領了紅海兩岸地區，阿克蘇姆王國的紅海港口先後喪失，著名的阿杜利斯港被毀滅。阿克蘇姆自此失去了通過海路，同外界聯繫的渠道，成為一個內陸文明區。與此同時，王室內訌不斷，爭權奪利的鬥爭日趨激烈，也嚴重削弱了國力。到了十二世紀，阿克蘇姆王國被扎格維王朝取代，輝煌一時的阿克蘇姆文明就此終結。

改革未果顯雄心

在村社酋長制的基礎上，許多地區的黑人在政治制度上又向前發展了一步，即形成了中央政權的王國體制。較有代表性

的包括古代的貝寧王國、迦納王國、馬利王國、剛果王國、加涅姆—博爾努王國，近代的阿散蒂王國，以及存在到本世紀初的布干達、庫巴、斯威士、巴蒙等王國。有的因版圖擴張較快、土地較大，被稱為帝國，如桑海帝國、隆達帝國、衣索比亞帝國等。

這些王國或帝國創建的方式不一，實行的政治制度也不盡相同，有的實行王國聯邦制，有的實行絕對君主制，還有一些帶有濃厚的氏族殘餘色彩。這些差異性反映了黑人各族能根據自身的特殊情況，摸索一條適於自己發展的政治道路。有的還能借鑒其他民族的長處，甚至是歐洲殖民者的先進技術，改革自身的不足。四百多年前，剛果王國就做了這方面的嘗試。遺憾的是，改革沒有成功，還付出了慘重的代價。

剛果王國始建於十四世紀，但到十五世紀末葡萄牙人到來之前，王國的社會經濟還很落後，農民們使用鋤、刀、斧和一些石器工具從事農業生產，許多政治制度還不健全，只有語言而無文字。顯然，剛果王國此時文明發展的程度與葡萄牙王國相比，差距很大。一五〇六年繼任國王的阿豐索深深地意識到這一點，決心向葡萄牙人學習，通過對王國進行各種改革，意圖改變國家的落後面貌。

阿豐索國王首先不恥下問，專門請了一個葡萄牙商人當自己的老師，每天花費大量時間學習葡萄牙文。他除了自己學習之外，還要求王公大臣和貴族子弟也要掌握葡萄牙語。他認為，只有在自己學會了葡萄牙語後，才能避免今後受人欺騙，才能盡快掌握歐洲人一些先進的東西。在他的帶動下，剛果上下掀起了一股學葡萄牙語的熱潮，從此結束了剛果人只有語言，沒有文字的歷史。由於學習的人日益增多，教師嚴重缺乏，阿豐索在多次寫信請求葡萄牙國王幫他聘請教師未果之

後，便直接把一些貴族子弟，包括他的兒子，送到葡萄牙去留學了。

掌握語言不是阿豐索倡導學習的最終目的。一次，正當一艘葡萄牙商船準備啟錨回國，阿豐索匆忙率人趕到船邊，告訴船長，下次來時，帶一些有關律法、社會制度和生產技術方面的書籍。阿豐索在得到這些書之後，又開始專心致志地研究葡萄牙律法，了解歐洲宮廷中的禮儀和等級制度，並結合剛果王國的實際，制定出相應的規章制度，進一步完善了國家的統治機器。他還向葡萄牙國王請求增派傳教士和各種技術人員，幫助修建教堂和提高剛果人民的生產水平。一五二六年，剛果疾病流行，阿豐索又寫信要求，盼能得到醫療援助。

在阿豐索的一再要求下，葡萄牙國王向剛果斷斷續續派了一些傳教士和工匠，在首都和一些省府修建了教堂，但對於選派技術人員、醫生和教師等要求則以沉默表示反對。因為葡萄牙並不希望在非洲存在一個強大的王國，而是想借助於剛果王國，在非洲獲得最大的商業和政治利益。一五一二年，葡萄牙國王曼努埃爾明確指示其派往剛果的特使，應幫助剛果國王改善行政制度，採用葡萄牙的法律、政治觀念和宮廷禮儀，同時要求剛果國王向葡萄牙過往的船隻供應貨物，並責成特使收集政治、軍事和商業方面的情報，勘探一條橫貫非洲，通往衣索比亞的道路。

阿豐索本希望傳教士幫助他的臣民提高文明水準，不料，從葡萄牙來的傳教士自身素質就很低，他們來到剛果之後，想賺錢發財的願望很快超過了傳教。為了賺取錢財，他們利用自己的特殊身分，勾結在剛果的其他葡萄牙人，從事違禁的貿易活動，如避開王室，直接與各地進行貿易，販賣黑奴，甚至有許多傳教士把阿豐索送給他們的家僕都賣為奴隸。時間不長，

他們在剛果首都就形成一個方圓一哩的葡萄牙人居住區，在那裡過著驕奢淫逸的生活，擁有私人住宅、姘婦，養了許多私生子。葡萄牙人的所作所為嚴重損害了剛果王國的利益，敗壞了社會風氣，以前通過進貢和回贈建立的貿易網絡，以及從中體現的臣屬關係，現在遭到了破壞。沿海省督和地方酋長通過與葡萄牙人直接交往，獲得了歐洲商品和槍支彈藥，形成了地方對中央政權的威懾力量。

阿豐索對此深感憂慮，他不斷給葡國王寫信反應此事。在一封信中，他這樣寫道：葡萄牙人「每日擄我臣民，內有本地人、敝國貴族、諸侯與親戚之子弟……陛下，此輩胡作非為，放縱無度，已令敝國人口銳減。」❸此外，阿豐索還採取了一些具體措施，如要求葡國國王關閉在剛果首都的商站；任命三名王室官員去沿海檢查被白人買去的奴隸是否為允許出賣的戰俘；謀求擁有自己的船隻，直接與歐洲進行貿易往來……等等。在一個弱肉強食的殖民時代，阿豐索的這些措施不可能從根本上杜絕改革所帶來的弊端，特別是防範土地勢力的日益強大。儘管如此，阿豐索在位的約四十年（一五〇六～一五四三年）裡，剛果王國依然保持強盛的局面，他在葡萄牙人和土地統治者中一直享有頗高的威望。

但是，在阿豐索去世後，以前潛伏的危機很快就暴露出來。一五五六年，剛果軍隊同臣屬的恩哥拉人進行了一場大規模戰爭，結果剛果軍隊慘遭失敗。這僅僅是剛果內訌聯綿不斷，國家由盛轉衰的開始。此後，葡萄牙人經常利用剛果的政權危機和經濟困難，加緊對剛果河流域的滲透，大肆進行奴隸販賣活動，甚至直接出兵保護他們的所謂「經濟利益」。內憂

---

❸　巴茲兒·戴維遜：《黑母親》，三聯書店，一九六五年，第一二六頁。

外患加劇了剛果的衰落，到了十七世紀中葉，昔日強大的剛果王國已不復存在。阿豐索一世想通過改革，縮小與發達國家的差距這個願望終成泡影。儘管如此，阿豐索的雄心壯志沒有被人遺忘，成為剛果歷代國王中最受人尊敬的一位。遲至十九世紀，一個葡萄牙傳教士還這樣寫道；「每個剛果土著都知道三個國王的名字，那就是今上、前王和阿豐索。」

以神的名義振興庫巴

十六世紀末，生活在今天的剛果共和國西南部的庫巴人剛剛跨入階級社會的門檻，他們靠著簡陋的工具，以農業和打獵、捕魚為生，建立了初步的流通體系，在村莊的基礎上，出現了定期的集市，流通媒介是方塊酒椰纖維布和貝殼，以布尚戈部落為中心，形成了一個擁有18個部落的聯盟，露出了庫巴王國的雛形。但是，與同處剛果河流域的剛果王國相比，庫巴還顯得非常落後。

一六二五年，庫巴歷史上最偉大的人物走上了統治舞台，他就是夏阿姆·姆布爾·恩貢格。在任部落聯盟首領之前，恩貢格是一位經常來往於庫巴和剛果之間的商人，本人不是什麼顯貴家庭出身，他的母親反而是一位奴隸。之所以能贏得庫巴人的信任和擁護，是因為他常年在外東奔西跑，見多識廣，有豐富的生活經驗。但恩貢格意識到僅憑這一點是不夠的，如要使自己像剛果國王那樣，享有至高無上的權力，把部聯盟發展為一個鞏固、強大的國家，就必須對原有的部落習慣進行改革，必須神化自己，讓部落所有的人都對自己從尊敬到敬畏。所以，恩貢格在成為部落聯盟的首領之後，很快在政治、經濟

和文化等方面進行了一系列改革。

他首先建立了一套風俗禮儀，給自己罩上一層神祕的面紗。他宣稱，他自己是部落最高神在人間的代理人，因而自己的腳不能著地，如要外出，需要奴僕們馱負；他吃飯時不能有女人在面前，她們在為自己燒好飯菜以後，需由男僕端進來服侍自己享用；如他在大眾場合打噴嚏或咳嗽，周圍的臣民必須誇張地做出同樣的動作。由於他是神的代言人，全體庫巴人力量和幸福的化身，因而在戰時不能親自率軍隊上陣，只能委派一個軍事首領統兵打仗，以免自己受傷流血；他本人也不能病死或老死，只能在臨終前暗示別人將他掐死。從此以後，庫巴的歷代國王都被認為是神在人間的代言人，普通百姓很難見到他。此外，恩貢格在政治上還採取了加強個人集權的措施：要求所有的貴族都住在城裡；創設許多新官職，由他最信任的兒子和貴族擔任；打破傳統的酋長和聯盟首領由侄子繼任的母系制習俗，改為世襲制，即由他們的孩子繼任。這樣，一個世俗的庫巴王國便應運而生。

王國的強大需要有紮實的經濟基礎。恩貢格從剛果引進了玉米、菸草、木薯和豆類作物的種植方法，促進了農業的發展，使庫巴人定居下來，成為一個農業民族。後來玉米竟成了庫巴人的主食。他還使人民掌握了用棕櫚纖維織布的技術，酒椰纖維布不再是只有上等人才能擁有的稀世物品，也失去了充當流通媒介的功能，而改用珠子、銅棒和貝殼。為了補充農業勞動力的不足，恩貢格把在對外戰爭中抓獲的俘虜不再像以前那樣統統殺死，而是集中安置，組成奴隸村，由王室派專人管理，生產的產品歸國王支配，實際上是豐富了國庫的收入。

軍事上，恩貢格建立了兵役制，組建了一支極富戰鬥力的青年衛隊，並把一些年輕力壯的戰俘奴隸整編成國家常備軍，

用於擴大疆域。對使用的武器也做了改進，禁止使用傳統的飛刀，改用標槍和箭，以便於圍殲敵人。

另外，他還把雕塑藝術引入庫巴。為了促進庫巴人文化藝術的發展，恩貢格在王宮中集結了一些優秀的藝術家，給予他們很高的社會地位；如他們當中哪一位能雕刻出某件傑作，則授予他較高的官銜，以此鼓勵他們多出藝術精品。因此，庫巴王宮裡製作的雕刻品以技藝高超、形式優美見長。藝術些們為恩貢格本人製作的雕像至今仍保存在倫敦藝術博物館，是中部非洲流傳下來的最古老的藝術品之一。庫巴雕刻藝術在黑非洲藝術中占有重要的地位，雕刻品有：杯、盒、武器、菸袋管、鼓、角質酒杯等。其中，木杯的製作最為精美。木杯上通常雕有各種打扮的人物和形式多樣的幾何圖形，而且是在沒有設計圖案的情況下雕刻出來的。這種花紋複雜的製品充滿了諧調的韻律感，給人一種新穎的感覺。

恩貢格的改革在庫巴人的歷史上具有劃時代的意義。它加速了庫巴人從氏族社會向階級社會的過渡，促進了庫巴生產力的發展，王國的統治機構也趨於完善。當時輔佐恩貢格統治的一個重要機構是樞密院，它由六名高級官員組成，其中包括接受貢物的國庫大臣和負責審理嚴重案件的法官；另外六名高級官員兼任四個省的省長。此外，王太后和國王的姐妹在國家事務中也起著重要作用。王太后的權力僅次於國王，她有權決定國王死後的繼任人。改革使庫巴王權鞏固的同時，也使庫巴人在剛果河流域諸族中迅速崛起。在恩貢格及其繼任者統治期間，他們依靠改革的成果，曾發動一系列擴張戰爭。十八世紀中葉，庫巴王國發展到了頂峰，成為剛果河流域著名的王國之一，其疆域北至桑庫魯河，西至開賽河，南達盧盧阿河，控制了熱帶雨林和熱帶草原接壤的大片地區。

用矛和盾構建祖魯王國

　　南非德拉肯斯山與印度洋之間的狹長海岸地帶住著南遷之班圖人當中的恩戈尼人。從十八世紀末開始，內部混亂不斷與來自英國—布爾人和葡萄牙人的殖民威脅，促使恩戈尼人走上兼併、聯合的道路，逐漸形成三個大的部落聯盟，分別由丁吉斯瓦約、茲威德和索布扎領導。但兼併戰爭並未就此結束。一八一七年，茲威德領導的部落聯盟擊敗了索布扎部，後者被迫率部遷至今史瓦帝尼，不久建立了斯威士王國。隨後，丁吉斯瓦約也遭茲威德軍隊伏擊，被俘遇害。在此混戰之時，恰卡領導的祖魯人迅速崛起。

　　祖魯人係丁吉斯瓦約領導的恩戈尼人部落聯盟的一部分。一八一六年，恰卡擔任了該部落的酋長。恰卡原是祖魯一個小部落酋長的兒子，生於一七九五年，童年時期，因父母的婚變而流亡在外。後來，他投奔丁吉斯瓦約，才面臨了新的人生機遇。由於勇敢善戰和卓越的指揮才能，恰卡得到丁吉斯瓦約的信任和重用，被授予「遂基提」（勇士）的稱號，升任指揮官，並從其同父異母的兄弟手中奪回酋長的寶座。丁吉斯瓦約遇害之後，恰卡繼任為部落聯盟的首領，決心完成丁吉斯瓦約未竟的統一大業。

　　恰卡上台伊始，就改革軍隊編制。他雖然繼續實行丁吉斯瓦約開創的同齡兵團制，但打破原部落界限，規定強壯的男子要從原部落中分離出來，接受統一指揮，說以祖魯方言為基礎的恩戈尼語。全軍將士分成新兵、戰士和有經驗的老兵三類。男子從12歲起接受半軍事訓練，隨軍從事後勤服務工作。18歲成為新兵，按年齡等級，每六百～一千人組成一個兵團，集中住在軍營裡，接受正式的軍事訓練。經過一段時間的訓練，他

們作為「烏杜賓特蘭古」（戰士），被分發到各地駐防，直到35歲時成為退伍老兵。此後，他們可以不過軍營的集體生活。也只有在這時才能結婚成家。但是，如遇戰事，他們仍有參軍作戰的義務。恰卡親自訓練一個由20歲青年組成的同齡兵團，取名「烏法辛巴」（意為「烟霧」），採取極其嚴格的斯巴達式訓練方法，使該兵團的戰士個個驍勇善戰，成為他的嫡系部隊。各個兵團有自己的神祕符號、戰歌和專屬顏色。新的軍隊編制有利於培養各部落戰士共同的民族感情和對恰卡的效忠，有利於祖魯民族國家的形成。

恰卡還改進了武器裝備和戰術。他設計了一種短柄刺矛，取代了過去的長柄標槍，因為長柄標槍在作戰時供投擲用，屬於一次性武器，只適應於部落間的小規模戰鬥，不能用於近距離的肉搏戰。為了在肉搏戰中更好地保護自己，恰卡要求每位戰士配備一個大盾牌。作戰採用密集的公牛角陣形，陣形中央為主要攻擊力量，排成密集的方陣向前，左右兩側是呈彎曲的擴散隊形。當戰鬥打響，中央方陣的進攻速度有意放慢，讓兩側迅速包抄敵軍，爾後中央主力部隊勇猛地突入敵軍陣地，一手用盾牌抵禦敵人的箭矢和標槍，一手執短矛與敵人進行白戰，務使達到全殲的目的。恰卡規定在作戰中，手中的短矛不允許像以往執標槍那樣投擲出去，只能用於刺殺敵人。

經過此番軍事改革，恰卡領導的祖魯軍隊依靠自己的矛和盾，在南部非洲幾乎戰無不勝。首先遭其打擊的是茲威德的軍隊。一八一八年底，茲威德派遣全部人馬約一萬八千人，向只有約五千人的祖魯軍隊發動進攻。面對數倍於自己的敵軍，恰卡沉著應戰。在研究了茲威德的作戰意圖之後，他命令自己的部隊先假裝敗退，沿途燒毀所有糧草，誘敵深入。茲威德軍隊的指揮官起初還認為這是對方懼怕自己的強大陣容，可是在追

趕了半天，發現糧草不濟之時，才發覺自己落入對方的圈套，準備渡過姆拉圖徹河撤退，但為時已晚。恰卡指揮軍隊掉轉方向，乘敵軍渡河之機發動猛攻。經此一役，茲威德幾乎全軍覆沒，僅帶了少數人逃往北方。此後不到10年時間，恰卡部隊發展到人數6、7萬，擊敗了一個又一個酋長國和王國的軍隊，兼併了百多個恩戈尼人部落，在原來一盤散沙的南非內陸建立了一個單一的民族國家──祖魯王國，統治範圍達一一五〇〇平方哩。不僅如此，祖魯人的軍隊也令歐洲入侵者膽戰心驚，曾多次擊敗英國和布爾人殖民軍。

對此，一八四八年，恩格斯在著述《家庭、私有制和國家的起源》時留下了這樣的記述：他們「曾做到任何歐洲軍隊都做不到的事。他們沒有槍炮，僅僅用長矛和投槍武裝起來，在英國步兵──在密集隊形戰鬥上被公認為世界第一──的後裝槍彈雨之下，竟然一直向前衝到刺刀跟前，不止一次打敗英軍隊伍，甚至使英軍潰退。」這就是恰卡改革後的祖魯軍隊。

巧藉凳子定王權

與恰卡用武力創建祖魯王國不同，西非著名的阿散蒂王國之所以能確立和壯大，很大程度上靠的是精神力量──與一張阿散蒂人非常敬畏的「金凳子」有關。

約在十三世紀左右，阿散蒂人就在今迦納境內定居，但一直未形成一個國家。從十六世紀初起，臣屬於鄰近的鄧克拉人，還經常受到其他部落侵擾。十七世紀末，奧賽‧圖圖繼任為阿散蒂人的首領。他深知受人欺凌是什麼滋味，決心發展壯大阿散蒂人的力量，以改變這種弱勢的地位。奧賽‧圖圖以庫

馬西為自己的統治中心，在過去邦聯的基礎上，初步建立了一個部落聯盟國家——阿散蒂王國。但是，這個聯盟非常鬆散，各部落之間缺少一個強有力的精神紐帶，聯盟隨時有解體的可能。就在他為此愁眉不展時，他的軍師，也是當地祀奉戰神的有名的大祭司安諾基為他獻上一條妙計。

傳說安諾基是個能呼風喚雨、預卜未來的先知，他的手指能將石頭摳出槽窩，經他爬過的樹幹會留下深深的腳印；他還會用草藥幫人治病，阿散蒂定都庫馬西也是他的傑作。據說他曾在克瓦曼、朱阿本和庫馬烏三個小村鎮各種下一棵庫姆尼尼樹（一種複葉樹，學名是Lannea acidissima），結果只有在克瓦曼的一棵活了下來。從此，克瓦曼改名為庫馬西（意為「在庫姆尼尼樹下」），成為阿散蒂人的政治中心。

這一次，安諾基為了增強奧賽·圖圖在人民心目中的神聖性，他利用阿散蒂人對凳子的傳統信仰。阿散蒂人在日常生活中，除了信奉各種神之外，對凳子有著特殊的感情，幾乎家家戶戶都有一張精心保護、被祖先坐過的凳子，認為它是祖先的象徵，能夠帶來財富並保護家人平安。酋長有代表整個氏族或部落的凳子，他們常常告訴民眾：「我的寶座就是你們的命根子，要是被奪去或遭毀滅，你們就要滅亡。」安諾基準備給新生的阿散蒂王國設計一張特殊凳子，作為王國的精神支柱。

一個星期五的下午，阿散蒂各部落的酋長被召集到庫馬西議事，商討如何抵禦外族的入侵。突然，天空烏雲密布，雷電滾滾，一張用黃金裝飾的凳子從天而降，正好緩緩落在奧賽·圖圖的膝上。人們定神一看，只見它是一張呈「工」字形的凳子，凳面兩端翹起，當中深凹，底座及兩邊的支撐精雕細刻。過去誰也沒見過它。在場的安諾基當即向眾人宣布：這張從天而降的「金凳子」是至高神「尼亞美」賜給圖圖最高權力的象

徵，它容納著阿散蒂人的靈魂和智慧，也是整個阿散蒂人幸福的依托，如果它被人奪走，或被毀壞，整個阿散蒂就會滅亡。安諾基還要求與會的母后和各位酋長分別獻出一片指甲和一繮頭髮，把它們放在一種藥漿裡面攪拌，然後塗在「金凳子」上，餘下的讓酋長們喝下。大家對安諾基的話深信不疑，都照辦了。安諾基這樣做是表示每一個獻出指甲、頭髮的人，其身分、人格在「金凳子」上都備有安身或寄托之處。

從此，「金凳子」成為阿散蒂人團結和統一的象徵，精神力量的源泉，它的擁有者就是阿散蒂人的神聖領袖，各個落的酋長都要對他宣誓效忠。這就從政治、組織和思想上加強了聯盟，使之演變為鞏固的聯邦國家，國王的權力也得到了鞏固。平時，阿散蒂人像愛護自己的眼睛一樣精心護衛著它，將它鎖在一間專門的屋子裡，晝夜有人看守。只有當舉行盛會或慶典時，王室衛兵才在極其隆重的儀式中把它抬出來，擺在國王身旁。因為它是阿散蒂民族的象徵，所以國王也不能坐在上面。但他可以把胳膊放在凳子上，表示他正在聆聽神的諭旨。

對「金凳子」的共同信仰和崇拜，也促進了阿散蒂王國的強盛，到了十八世紀八〇年代，阿散蒂已擴展為一個帝國了。十九世紀初，當英國對阿散蒂殖民入侵時，「金凳子」成為鼓舞阿散蒂人團結禦敵的精神力量。英國殖民者為了徹底征服阿散蒂人，曾使用威逼利誘等各種手段，試圖得到這張「金凳子」，但都沒有得逞。一九〇〇年，英國發動了「金凳子之戰」。阿散蒂人誓死保衛，表示：「那黃金飾成的金凳子必將在白人的鮮血中洗刷乾淨。」戰爭持續了一年多，英軍在死亡一千多人的情況下，雖然占領了庫馬西，卻找不到金凳子。原來，阿散蒂人早已把它藏在一望無際的大森林裡。直到二十年後，它才重見天日，被一直保存在庫馬西的宮殿裡。

Chapter 4
黑人的抗爭謀略

　　近代黑人命運多舛。從十五世紀起，他們遭受了長達四百年的黑奴大販賣，使黑非洲喪失了近億人口；在殖民炮火的滾滾濃烟中，到二十世紀初，黑非洲的絕大部分土地被歐洲人占領，僅餘下衣索比亞和賴比瑞亞兩個名義上獨立的國家；黑人各族自身也正經歷民族融合過程，部落或民族之間的戰爭時斷時續。在這動盪不寧的年代，為了反抗外來入侵，維護自身獨立，黑人又發揮自己的聰明才智，在人類智慧的寶庫中，增添了許多鬥智鬥勇的故事。

走聯合抗敵的道路

　　十七世紀上半期，以盧安達為據點的葡萄牙殖民者不斷向非洲內陸擴張，四處擄掠奴隸，尋找夢寐以求的黃金。這就直

接威脅到恩東果王國的生存。恩東果王國是十六世紀初，由姆班杜人聯合組成，位於今安哥拉北部登迪河和南寬扎河之間，王國統治者的稱號為恩哥拉（Ngola）。可是葡萄牙人誤聽為安哥拉（Angola），由此引出了安哥拉的國名。當時的國王恩哥拉·姆班迪是篡位上台的。為了坐穩王權，他殺死了應繼承王位的弟弟（正妻所生），趕走了其妹恩津加，使王國出現分裂的局面。當葡萄牙軍隊大舉入侵時，姆班迪不能組織有效的抵抗，在丟棄了首都卡巴薩後，他倉皇逃到一個小島，苟延殘喘，被迫向有勇有謀的恩津加求救。

恩津加此時已回到恩東果王國的發祥地馬坦巴。她在這裡勵精圖治，建立了鞏固的抗敵基地。在接到求救信後，她以祖國和民族存亡為重，不計前嫌，毅然決定同姆班迪攜手合作，共同對敵。在他們聯合抵抗下，葡萄牙入侵的勢頭被暫時遏制住了。葡萄牙人意識到單憑武力，不能立即實現自己的殖民目標，便提議雙方舉行和談。他們認為黑人沒有文化，容易欺騙，想在談判桌上獲得在戰場上不能得到的東西。

一六二二年，恩津加率外交使團來到盧安達的葡萄牙總督府。葡萄牙總督事先對談判會場做了精心的布置：在談判大廳裡，僅為總督放了一把椅子，給恩津加準備的是一個放在地上的坐墊，企圖在氣勢上給恩津加一個下馬威，造成一種事實上的不平等。恩津加被引入談判大廳後，立即警覺到對手的陰謀。她沒有坐在那張墊子上，而是讓一名女侍從跪在上面，自己則坐在她的背上，同葡萄牙總督開始了談判。談判中，恩津加機智沉著，用巧妙的措詞駁斥了葡總督提出的許多無理要求——比如葡人要恩東果王國向葡「稱臣納貢」等。最終她促使葡總督簽訂協議，承認恩東果「是不臣屬於葡的獨立王國」，許諾從其境內撤出葡萄牙侵略軍，歸還所有擄掠的恩東

果奴隸。恩津加為此付出的代價是同意葡萄牙商人和傳教士進入恩東果，並允許他們經恩東果王國，前往東部地區從事奴隸貿易。從鬥爭策略考慮，她還假意滿足了葡萄牙人的要求，接受了基督教的洗禮，取教名唐娜·安娜·德·蘇珊。但她回國之後不久，即宣布退出基督教。

　　談判的成功極度提高了恩津加在人民心中的威望。兩年後，姆班迪去世，恩津加繼任為恩東果女王。即位之初，她向全體人民發布一項宣言，號召各族人民增強團結，共同抗擊外族入侵──「要做命運的主人，不做葡萄牙的囚徒。」顯示了抗敵的堅強決心。因為她知道，葡萄牙絕不可能放棄兼併恩東果王國的野心。面對一支武器裝備優良、訓練有素的白人侵略軍，只有走團結抗敵的道路。為此，她採取各種措施，竭力阻止各族之間的部落戰爭，把所有姆班杜人聯合起來，甚至同姆班杜人的世敵雅加人談判，握手言和，派人學習其武藝，訓練一支有戰鬥力的軍隊。正是依靠這種團結力量，恩津加領導安哥拉人民進行了長達三十年的保家衛國戰爭。同葡軍作戰時，恩津加曾幾次陷入敵軍的包圍，但她每次都在民眾幫助下，安然突圍，重整旗鼓，繼續抗敵。

　　十七世紀三〇年代，剛果爆發了反對葡萄牙殖民統治的武裝起義。恩津加得悉後，立即派人前往剛果王國商討建立反葡聯盟。一六四一年，荷蘭殖民者從葡萄牙人手中奪取了盧安達。為爭奪安哥拉地區奴隸貿易的控制權，荷蘭和葡萄牙這兩個老牌的殖民國家發生了火併。恩津加為了打擊自己的主要敵人，不失時機地利用殖民者之間的矛盾，同荷蘭人結成暫時的聯盟。在恩津加軍隊和荷蘭軍隊的夾擊下，葡軍傷亡慘重，被迫從恩東果內陸撤軍。後來，葡萄牙殖民者雖然又捲土重來，但是，直到恩津加於一六六三年去世前，她在馬坦巴建立的反

葡根據地都始終未被征服。恩津加所選擇的團結抗敵之路是其成功的一大法寶，她本人也贏得了「非洲貞德」[1]的稱號。

丁岡智殲入侵者

丁岡是祖魯國王奠基者恰卡的同父異母兄弟。恰卡一生未曾娶妻，所以，當這位祖魯王在一八二六年的一次宮廷政變中遇害，因無子繼位，丁岡遂成為祖魯新王。

丁岡繼位後，一度想結束連年不斷的戰爭。他宣布將化戰爭為和平，以月夜舞蹈代替軍事操練；不再實行脫產服役制度，讓臣民都能安居樂業，有一段休養生息的時間。但這只是丁岡的一廂情願，他這種美好的想法最終被不斷北擴的白人殖民者所粉碎。早在恰卡臨終前，他就留下這樣一句極富遠見的遺言：「白人就要來了。」這裡所稱的白人，指的就是布爾人[2]和英國人。

從一八三五年起，原來生活在南非開普殖民地的布爾人因不滿英國殖民統治者剝奪他們種種的生活特權，憤而趕著馬車，帶著家小，一批批向東和向北遷徙。他們憑藉手中的新式火器——槍支和胯下的戰馬，把本來的土著居民趕往更北的地區去生活，而奪占他們的土地。這就是南非歷史上有名的所謂「大遷徙運動」。

---

[1] 貞德是英、法百年戰爭期間（一二一三七～一四五一），法國的一位民族英雄。

[2] 布爾人（Boer），荷蘭語中意為「農民」，實際上是生活在南非，以荷蘭移民為主的歐洲白人後裔。

一八三七年十月，布爾遷徙者的急先鋒和主要首領雷提夫派人送信給丁岡，要求後者能向他們提供「無人」居住的土地。十一月，由於未得到滿意的答覆，雷提夫親率十五名武裝騎兵，竄入祖魯首府姆岡岡德洛武，毫無掩飾地當面向丁岡索要土地。自小追隨恰卡南征北戰的丁岡對白人從不畏懼，此時他本想一口拒絕雷提夫的無理要求，但還是耐住了性子。因為當時的反侵略準備工作，特別是火器的購置還未就緒，只能採取緩兵之計，以爭取時間。丁岡向雷提夫提出，王國有不少牲口被班圖人的另一支帕特洛科部落偷走，如果雷提夫能夠幫他把這些牲口追回來，提供「居住地」一事可以商量。雷提夫滿口允諾，表示他不僅可以把祖魯人被偷走的牲口送回，還可以送給丁岡一些馬匹和槍支。

雷提夫離開姆岡岡德洛武後，立即邀請帕特洛科部落的酋長希康耶拉到附近的一所教堂相會，商談雷提夫所率的遷徙者通過帕特洛科部落領地一事。希康耶拉按約前往。他許諾放他們通行。這時，雷提夫向他出示了一副手銬，但謊稱它是作為禮物回報的手鐲，戴在酋長的手腕上，可作為偉大統治者的象徵。希康耶拉不知是計，就這樣輕易地給雷提夫抓住了。直到希康耶拉命令部下交給雷提夫七百頭牲畜（其中有三百頭是丁岡的）後，他的手銬才被打開。

此計得逞之後，雷提夫非常得意，更認為黑人老實可欺，把丁岡也不放在眼裡。一八三八年二月初，他帶著七十名全副武裝的布爾人和三十名土著僕人，再度來到祖魯首府。雷提夫向丁岡繪聲繪色地講述了他欺騙希康耶拉的經過，還大肆誇耀他已擊敗祖魯的親族、姆齊利卡齊率領的恩德貝萊人，但對先前許諾的交還追回之牲口和送槍支、馬匹一事隻字不提。與此同時，雷提夫的部下繞城騎行，向空中放槍，以恐嚇祖魯人。

丁岡從對方的所作所為中，更加看清了這夥人的真面目，決心把他們消滅，以消除迫在眉睫的危險。但雷提夫一行都手拿先進火器，並高度戒備，如立即動武，必將帶來很大的犧牲。為了麻痺敵人，丁岡同意在布爾人草擬的一份割讓土地的文件上畫押；並表示，為了慶祝雙方的友好合作，祖魯戰士將在首都中心廣場表演傳統的戰爭舞。

祖魯的首府姆岡岡德洛武由幾百間茅屋組成，它們很有規律地排成一個巨大的圓形居住區，其外圍是一人多高的木柵欄，中間是一個很大的廣場，供人們集會和跳舞之用。二月六日，雷提夫等人被邀請至廣場，觀看戰爭舞表演。按祖魯人的習俗，他們被迫將馬匹和武器都留在木柵欄之外，由祖魯戰士看管，自己空手進入中心廣場。丁岡命令表演的戰士排成方形隊列，將「客人」圍在中央跳戰爭舞。戰士們手拿短矛和大盾牌，伴隨著震耳欲聾的鼓聲，時而一起踩腳，時而齊聲高呼，不斷扭動著身體，盡情跳著民族舞蹈。雷提夫等人從未見過這樣熱烈的場面，一個個都看入了迷。丁岡見時機已到，命令鼓手打鼓的頻率加快。場上的戰士聽到這樣的鼓聲，踏著舞步，迅速向布爾人合攏，在布爾人毫無防備的情況下，將他們一網打盡，全部處死。全殲了雷提夫一夥之後，祖魯軍獲得了馬匹和一批武器，士氣大振，丁岡遂下令消滅所有敢於來犯的白人入侵者。二月十六日，丁岡指揮軍隊，在圖蓋拉河流域消滅了一批布爾農場主，奪回被他們侵占的納塔爾西部土地，並乘勝搗毀了納塔爾地區其他幾個布爾人的堡壘和農場。二～三月間，祖魯軍又擊敗了從德蘭士瓦趕來馳援的另外兩股布爾軍，當場擊斃了領頭的厄伊斯。布爾殖民者遭到「大遷徙」以來最慘重的失敗，被祖魯軍擊斃的人數達三五〇多人。祖魯王國面臨的布爾人威脅暫時解除了。

忍辱負重，終成大業

中國古代吳越之爭時，越國一度落敗，越王勾踐被迫過上寄人籬下的生活。但他不甘心始終如此，便以柴草為床，日嘗苦膽，以激勵自己，最終使越國強大起來，留下了「臥薪嘗膽」的成語。這則故事折射出這樣一個人生哲理——一個人如能忍受眼前的屈辱，在逆境中發憤圖強，日後必能成大器。十九世紀下半葉，西非瓦蘇魯帝國的創建者薩摩里・杜爾所走過的正是類似的道路。

薩摩里・杜爾大約在一八四〇年，生於幾內亞共和國東部的一個小村莊，屬於馬林凱族。他的父親是一個小商販。薩摩里從小也常隨父親行商，頭頂竹筐，到處叫賣；回家之後又搶著幫母親做家務，甚至連擔水這種當地婦女做的事，他也常常悄悄地幹，被村民們誇為「孝子」。在大家共同操勞下，薩摩里一家過著寧靜又富裕的生活。但是，在他二十歲那年，他的村莊遭到了一次劫難。鄰近的瓦蘇魯酋長國首領索里・布拉馬領兵闖入村裡，大肆搶劫一番後，把那些沒來得及逃走的人都擄為奴隸，其中包括薩摩里的母親。

當薩摩里外出回來，得知此事，焦急得徹夜難眠，擔心母親在那裡會受折磨，遭凌辱。他不顧村人的勸阻，徑直跑到瓦蘇魯酋長國，請求索里・布拉馬把他的母親釋放，自己願意頂替，幹什麼重活都行。索里見他血氣方剛，講話的語氣非常誠懇，又如此知曉禮儀，不覺動了幾分惻隱之心，告訴他：平時幫索里勞動，遇到打仗時，隨他一起上戰場。只要賣力地為他幹活，七年後就放他們母子回去。

從此，薩摩里開始了他在瓦蘇魯屈辱的生活。他和其他奴隸一起，每天起早摸黑，在田裡勞動。別人不願做的事，他都

幹。儘管這樣，做得稍不如意，就招來監工的責罵，甚至鞭打。他還經常參加索里·布拉馬發動的對外戰爭。在戰場上，他衝鋒陷陣，十分勇敢，並留意索里的指揮技巧，漸漸地表現出非凡的軍事才能，掌握了不少作戰技能，知道如何保護自己，並打敗對手。為了做一個有知識的人，他皈依了伊斯蘭教。這為他日後發動伊斯蘭教運動打下了基礎。

七年後，索里·布拉馬看到薩摩里確實一直很賣力地為自己效勞，便履行諾言，不情願地讓薩摩里帶著他的母親回到故里。此時，薩摩里已是一個見多識廣，有豐富作戰經驗的青年將領了。時隔不久，托隆地區的一位酋長仰慕薩摩里的軍事才能，請他幫自己領兵打仗。薩摩里欣然舉家前往。在一次部落衝突中，酋長不幸陣亡，薩摩里遂被推為首領。從這時起，薩摩里著意建立一個統一的馬林凱人國家。他用了七、八年時間，高舉「聖戰」大旗，以武力征服了各小酋長國，包括前東家瓦蘇魯酋長國。一八七四年，他採用「阿爾馬米」頭銜，擁有宗教和政治領袖的雙重身分，在比桑杜古建立了統治中心，取國名為「瓦蘇魯」，以紀念他在瓦蘇魯酋長國那一段不尋常的日子。

薩摩里把自己積累的豐富知識運用到這個新國度，進行了廣泛的改革。他極力塑造一個現代的馬林凱族國家，打破原來的部落界限。全國按省、區、村三級行政體制劃分，對每一級劃分，都很少顧及原來的部落和家族關係，而是以地域為原則。三級行政長官雖然都按傳統方法選舉產生，但權力不大，因為他們受到同級的軍事和宗教首領制約。薩摩里本人是全國最高的政治、司法和宗教領袖，也是軍隊總司令。軍隊分成正規軍、騎兵和民兵三個部分，其中正規軍是軍隊的主體，約一萬人，受到良好的訓練，並擁有少量歐式武器。士兵實行勞武

結合，墾殖戍邊，以減輕國家和人民的負擔。國家的收入除了關稅之外，還有每個村負責給政府耕種的公地收入。他十分重視伊斯蘭教的傳播和教育的發展，把伊斯蘭教視為馬林凱族統一的紐帶，在每個村鎮都設立清真寺和古蘭經學校，用伊斯蘭教義代替祖先崇拜和精靈崇拜，規定貴族和酋長都要把孩子送到學校，接受伊斯蘭教育，違者予以處罰。薩摩里自己還經常到學校講課，告訴孩子們他過去不平凡的經歷，教育他們要有吃苦耐勞的精神，努力維護伊斯蘭教的純潔教義。

　　經此番改革，瓦蘇魯王國實力大增，統治的地盤不斷擴大，到了一八八六年，已達十一‧五萬平方哩，被譽為西非三大帝國之一。遺憾的是，瓦蘇魯國向現代國家發展的進程從一八九一年起，被法國入侵的炮火打斷。年近六十的薩摩里率馬林凱人雖然英勇抵抗，但手中的弓箭、長矛終於抵擋不住火槍火炮的進攻。堅持了八年之後，一八九九年，薩摩里因叛徒出賣而被俘。

　　對於薩摩里非凡的軍事才能和崇高的品質，西非人民一直傳誦有加，連當時同他打仗的法國軍官巴拉蒂耶上校也感到敬佩。他記述道：「就其品質來說，薩摩里勝過所有那些同我們交戰過的非洲領袖。他是真正的人民領袖、戰略家和政治家，勇敢、充滿活力、富於預見。所有這些，使薩摩里具有堅韌不拔的精神，在任何情況下從不灰心。」這段文字可謂是對這位黑人領袖品質的高度概括。

舉宗教大旗，建民族國家

　　東北非的蘇丹，在近代長期處於衰微之中，內部分裂為一

個個伊斯蘭教長領導的國家，彼此爭鬥不已。國弱必遭人欺。從一八二〇年起，北部的奧斯曼埃及不斷派兵南下，用了半個世紀的時間，在蘇丹全境建立了殖民統治。埃及總督和其他軍政官員在蘇丹大肆搜刮民脂民膏，包括黑奴、象牙、阿拉伯樹膠和各種毛皮等，強行徵收苛捐雜稅，過著「朱門酒肉臭」的生活。蘇丹農牧民一年辛苦所得，有時還不夠交稅，結果有許多人被罰為奴隸，或因而餓死。曾經人口稠密、農牧興旺的散納爾地區，在十九世紀七〇年代初，一四五個村莊只剩下五九九人，大部分居民不是餓死，就是為逃稅而四處流浪。

曾創造過努比亞文明、庫施文明的蘇丹人民不甘沉淪，從奧斯曼埃及南下入侵之時起，就一直進行著各種反抗鬥爭。十九世紀七〇年代末，在廣大穆斯林中開始出現了「馬赫迪期待」——下層貧苦百姓對統治階級的殘酷壓榨和荒淫奢華的生活深惡痛絕，自身又處於極度貧困之時，就會期待「馬赫迪」（救世主）的降臨，恢復真正的教義，建立千年幸福王國，把他們救出苦海。就在人們苦苦相盼、千呼萬喚的時候，「馬赫迪」終於在白尼羅河的阿巴島上出現了。他就是傳教士穆罕默德・艾哈邁德。

艾哈邁德一八四四年出生於阿巴島一個貧苦的造船工家庭。他自幼離家，在清真寺拜師研讀伊斯蘭經典。十二歲時就能大段背誦古蘭經，表現出超凡出眾的記憶力。當時，穆斯林世界正廣泛興起伊斯蘭復興運動，他也深受影響，主張清除寺院內的腐化和墮落行為，幫助受苦受難的民眾。據說，他曾拒吃政府從窮人那裡搜刮來的糧食，直到確認是穆斯林神職人員自己種的才進餐。他還在其教長之子的割禮儀式上，反對用奴婢跳舞，認為這是違背古蘭經教義的不良行為。此事激怒了教長，結果被革出師門。然而，艾哈邁德並沒有改變自己的信

念，相反，他把淨化伊斯蘭教和拯救苦難的同胞作為己任。他以教士的身分，先後走訪了蘇丹北部和西部各個省分，所到之處，就宣講伊斯蘭教中有關平等的教義，抨擊殖民官員和社會上的不公。他的宣講深得人心，追隨他的人越來越多。

一八八一年六月，他在阿巴島召集了一次盛大的穆斯林集會，親自在會上聲討奧斯曼埃及統治者。他說：「他們違背了阿拉的使者及眾先知的教導，無視阿拉的啟示，篡改穆罕默德的法律，褻瀆阿拉的宗教，把人頭稅強加在你們和所有穆斯林的脖子上。」為此，他提出了「寧抔千條命，不繳稅一文」的口號，公開號召大家對外來入侵者進行聖戰，以古蘭經和聖訓作為指導思想，建立一個「普遍平等，處處公正」的理想社會。不久，他就正式宣布自己就是「眾所期待的馬赫迪」。

阿巴島距蘇丹首府喀土穆兩百多公里，艾哈邁德自稱馬赫迪的消息很快傳到那裡。起初，總督府對此並不介意，只是派代表到阿巴島，勒令艾哈邁德放棄「馬赫迪」的稱號。艾哈邁德嚴詞拒絕，說：「我才是伊斯蘭世界應該服從的領導者！我受之於阿拉的使命，誰都要服從！」軟的不行，總督便派出一支兩百人的討伐隊前往捉拿這個「馬赫迪」。

八月十日，艾哈邁德率領由三五〇人組成的起義隊伍，打著「先知的哈里發——穆罕默德‧馬赫迪」字樣的大旗迎戰，當場消滅敵軍近一三〇人，餘者狼狽逃回喀土穆。首戰告捷的阿巴島之戰揭開了蘇丹馬赫迪大起義的序幕。為了避免殖民軍的報復，馬赫迪效法先知穆罕默德從麥加到麥地那的先例，把起義軍從易受水陸夾攻的阿巴島帶到卡迪爾山區。這裡地勢險要，居民多是逃荒而來的農民，政府統治力量薄弱，有利於建立根據地。馬赫迪在這裡一面整頓軍隊，一面招納各地的民眾，起義隊伍迅速壯大。此後，他多次打敗政府軍的圍勦。

一八八二年七月，英國在掌握了埃及的實際統治權後，也積極插手蘇丹事務，派軍官指揮埃及軍隊鎮壓馬赫迪起義。自此，馬赫迪起義的矛頭從反對奧斯曼埃及統治為主，轉為反對英、埃的聯合侵略。由於起義高舉的是宗教大旗，「馬赫迪」提出的各項主張都深得人心，對民眾具有極大的號召力，所以，儘管政府軍鎮壓的力量增強了，但起義軍發展的勢頭更大。他們在一八八三年初攻占了蘇丹第二大城烏拜伊德；十一月在希甘戰役中，一舉殲滅由英國軍官希克斯率領的一萬餘名遠征軍；一八八五年一月，終於攻占喀士穆，並刺殺了總督英國人戈登。到了這一年夏天，起義軍已占領除了紅海港口薩瓦金以外的整個蘇丹，建立了一個統一、獨立的蘇丹國家，定都於喀士穆西北角的恩圖曼（今烏姆杜爾曼）。

無論起從起義的聲勢，還是從起義延續的時間看，馬赫迪起義都是非洲近代史上反殖民鬥爭中規模最大的一次。它不僅使蘇丹暫時擺脫了異族的壓迫與欺凌，建立了獨立國家，還以宗教為紐帶，整合了互相隔絕的各個部落，極大地促進了蘇丹現代民族的形成。這正是穆罕默德‧艾哈邁德對蘇丹國家的貢獻之所在。

土地是不能給人的

衣索匹亞是黑非洲的一個泱泱大國，曾在非洲大陸發展了獨一無二的基督教文明。但是，自古代阿克蘇姆王國衰亡後，衣索比亞長期處於封建割據狀態，內部混戰不斷，中央政權的皇帝雖然還自稱「萬王之王」，實際上只是眾多諸侯中的一分子。十九世紀中葉，西奧多爾二世歷盡艱辛，終於將古老的帝

國重新統一，並實行近代化改革，使國家一度出現欣欣向榮的景象。但這只是曇花一現。一八六八年，在英國武裝干涉下，西奧多爾二世戰死於馬格達拉平頂山，衣索比亞重新陷入王位之爭的混亂局面。儘管內部矛盾重重，但當面臨外族入侵，國家有危亡之險時，衣索比亞上上下下維護國家領土完整的決心又是空前一致，寸土不讓。

據說，在近代深入非洲內陸「探險」的熱潮中，有兩個歐洲學者來到衣索比亞考察。他們從北方遊歷到南方，每個角落都要去看一看，並且把所有的河流、山脈和道路都畫在地圖上。這個消息很快就傳到皇帝的耳朵裡，並引起他的警惕。因為當時有許多西方學者打著「科學考察」、「科學探險」的旗子，深入非洲內地收集各方面的資料，為獲取工業原料和殖民占領作前期準備。衣索比亞皇帝擔心他們也是為此目的，就派了人作為嚮導，伴隨他們。

過了幾年，這兩個歐洲人結束了他們的工作。伴隨他們的嚮導回到首都阿的斯阿貝巴，向皇帝報告：「這兩個歐洲人把看到的一切都記下來了。他們觀察尼羅河怎麼從塔納湖裡流出來，怎麼從山上奔騰而下。他們查清了山裡有沒有黃金和白銀。他們把大路和小路都畫在地圖上了。」

皇帝明白了這兩個歐洲人幹了些什麼，就派人去請他們，說希望在兩個歐洲客人離開以前，能夠見見他們。兩個學者來了以後，皇帝向他們問好，並且熱情地款待他們，並送給他們珍貴的禮品。隨後，皇帝的臣僕恭恭敬敬地一直送他們到紅海岸邊乘船。

當兩個學者快要上船回國時，皇帝的臣僕請他們止步，把鞋子脫下來。臣僕接過鞋子，把鞋上的灰塵，特別是鞋底的泥土仔細擦掉，然後把鞋還給了他們。兩個學者被這種奇怪的舉

動弄得莫名奇妙，心想：我們在這裡待了好幾年，還是頭一回遇到這種習俗——便詫異地問：「你們這是幹什麼？」

皇帝的臣僕回答：「敝國皇帝祝你們歸途上一路順風，並叫我們轉告：『你們從遙遠而強大的國家來到這裡，親眼看到衣索比亞是世界上最美麗的國家。它的土地對我們是寶貴的。我們在它上面播種，在它底下埋葬我們的親人；我們躺在它上面休息，在它上面放牧我們的牛羊。你們在山上和溪谷裡、在田野和森林中看到的小路是我們的祖先、我們和我們的孩子所踏出來的。衣索比亞的土地就是我們的父親、我們的母親和我們的兄弟。我們殷勤地款待你們，並且送給你們珍貴的禮品，但是衣索比亞的土地是我們所有的東西裡最寶貴的，因此哪怕只是一粒砂，也不能給別人。』」

這件事在衣索比亞民間廣為流傳，其後激勵了全國民眾抗擊意大利入侵的鬥爭。

同仇敵愾，保家衛國

在十九世紀末歐洲列強瓜分非洲的狂潮中，後起的意大利儘管知曉衣索比亞人民的反殖民決心，仍把殖民目光瞄上了他們所認為的軟弱可欺的衣索比亞，企圖在東北非建立一個龐大的殖民帝國。

一八八九年三月，意大利支持紹阿省的地方統治者孟尼利克登上「萬王之王」的寶座，試圖通過扶植一個傀儡皇帝，實現自己對衣索比亞的殖民統治。同年五月，以意大利草擬的初稿為基礎，雙方簽訂了20條的《烏查里條約》：意大利正式承認孟尼利克為衣索比亞皇帝，並允許衣索比亞從意大利控制的

馬薩瓦港進口軍火；衣索比亞將提格雷省的大部分領土割讓給意大利，並給予其商業、工業、司法上的特許權。第十七條還規定，衣索比亞皇帝在與其他國家發生關係時，可以借助意大利國王的政府。條約內容對意大利顯然極為有利，但意大利並不滿足。它在向西方國家公布該條約的內容時，採用欺騙手法，將衣索比亞國語阿姆哈拉語文本中的「可以」篡改為意大利文本中的「務必」，要歐洲各國承認衣索比亞為它的保護國。等孟尼利克發現意大利有詐，在英國出版的地圖上，衣索比亞已被描繪為「意屬阿比西尼亞」。孟尼利克對此十分氣憤，終於看清了這個「白人朋友」的真面目。他把條約的真相告知歐洲各國，並要求意大利改正其錯誤。在遭意大利拒絕後，孟尼利克毅然於一八九三年初宣布廢除《烏查里條約》，告知歐洲列強：「衣索比亞不依附於任何國家，她只受上帝保護。」意大利見自己的如意算盤落空，便集結重兵，於一八九四年底，向衣索比亞不宣而戰。

此時的衣索比亞還是一個經濟落後的封建專制國家，幾乎沒有任何工業，槍支彈藥自己不能製造，全部需要從國外進口。這樣一個國家能抵抗意大利這個後起殖民列強的入侵嗎？衣索比亞舉國上下對此無不擔心。意大利侵略軍統帥巴拉蒂里已聲稱：要不了多久，他就能活捉孟尼利克，將他裝在籠子裡帶回羅馬。面對一支裝備精良、訓練有素的歐洲殖民軍，衣索比亞統治者沒有膽怯，決定發動全國人民，共同抗擊入侵者。為此，孟尼利克向全國發布了《告人民書》：

「敵人從海外入侵，他們侵擾了我們的國境，妄想消滅我們的信仰，毀滅我們的祖國……為了捍衛我們的獨立和尊嚴，我們必須採取行動，抗擊敵人。凡有力氣走路的人都跟上來，

參加戰鬥。保衛祖國，人人有責！」❸

這氣壯山河的號召，激發了千百萬民眾的愛國熱忱，連一些對孟尼利克有成見的割據諸侯也表示接受統一指揮。一場全民抗戰的帷幕由此拉開。

為了從國外立即採購大量軍火，國家急需銀兩。消息傳出，廣大群眾把辛辛苦苦積鑽了多年的錢款拿出來，有的甚至變賣家產湊錢。連太圖皇后也不例外。她捐了錢後，又從身上摘下所有的金銀首飾交給籌集官。這樣，不到幾天時間，就籌集到兩百萬銀元。此外，許多人還自願捐獻糧食、衣物等物品，送到奔赴前線的將士手中。在通往首都的大道上，自願參軍的青壯年絡繹不絕。經過大家的努力，短短一個月，衣索比亞就組織了一支配備現代武器，有40門大炮，總數達10萬人的軍隊。

一八九五年底，衣索比亞軍隊向意軍占領的提格雷省首府馬卡累發動了猛攻。軍隊統帥馬康南公爵身先士卒，親臨一線，指揮打仗。士兵們則奮不顧身，前赴後繼；有的冒著生命危險，衝到城堡下，用鋤頭搗毀防護牆。在衣軍的強大攻勢下，意軍傷亡慘重，被迫棄城後撤。取得初步的勝利後，孟尼利克提出議和。意大利方面卻不同意，堅持要衣索比亞承認是其「保護國」。

孟尼利克感嘆地說：「我覺得再也不能與意大利人打交道了。從現在起，沒有哪個人會認為能滿足意大利人的胃口。」和談無望，只能在戰場上見分曉。

一八九六年二月，雙方都把主力部隊調到衣索比亞北部重鎮阿杜瓦地區，準備最後決戰。參戰的意軍人數約一萬七千

---

❸　Unesco: General History of Africa, vol 7, California, 1985, P.4.

人，他們擁有先進的槍支和56門大炮。但指揮官巴拉蒂里高傲輕敵，在不熟悉地形，又沒有一份精確的地圖的情況下，就盲目地冒雨前進，埋下了失敗的種子。埃軍在裝備上雖然比不上意軍，但人數占優勢，總兵力達十二萬人，並事先做好了充分的準備。他們先派出當地的一個山民阿瓦洛姆故意充任意軍的嚮導，將在泥濘中苦苦掙扎的意軍全部帶入埋伏圈。戰爭的結果自然在人們的預料之中。經過三個多小時的激戰，意軍被徹底擊敗，當場戰死的約有六千人，傷一四二八人，傷亡占總人數的43％，另有一八〇〇人被俘。

意軍在衣索比亞慘敗的消息傳至歐洲，引起很大的震動。意大利首相克里斯皮不等議會投票，就辭職隱退，內閣隨即垮台，新政府也無力再戰，被迫與衣索比亞簽訂和約，承認衣索比亞是一個享有獨立主權的國家，放棄其侵占的領土，並賠款一千萬里拉。

西方輿論對此發出驚呼：「不敢想像，一個文明的歐洲國家的軍隊會在一名非洲酋長的士兵手下遭到如此巨大的災難。」不久之後，意、法、英、俄等國也相繼與衣索比亞建立了正式的外交關係。

衣索比亞通過全民動員，上下一致，共同抗擊入侵者，終於捍衛了民族獨立和尊嚴，打破了歐洲列強不可戰勝的神話，成為近代非洲大陸未被殖民瓜分的兩個國家之一，國際聲望也得到極大的提高。

借助「聖水」驅德寇

在近代入侵黑非洲的歐洲國家中，德國起步較晚，始於一

八八三年。但它擴張的速度驚人，不足十年，先後將西南非洲、多哥、喀麥隆和坦尚尼亞的大陸部分坦干伊加占為己有，總面積達二四四‧七平方公里，是德國本土面積的六‧八倍。德國在侵占殖民地及其以後實施殖民統治時，與其在國內的政策一樣，均以赤裸裸的暴力為主。他們不顧黑人傳統的社會制度和生活習慣，推行強迫勞動制度，將大片良田沃土變為德國人所有的種植園，因而激起了黑人的強烈反抗，其中以坦干伊加地區尤為激烈。

一八八四年，德國殖民活動的急先鋒彼得斯在柏林創立了「德國殖民地開拓協會」（後改稱德國東非公司）。同年底，他便率領一支遠征隊侵入坦干伊加，採用軟硬兼施的手段，迫使當地酋長簽訂了十二個「永久友好條約」，強占了坦干伊加從沿海到內地的大片土地。由於坦干伊加地處東非高原，氣候並非特別炎熱，比較適宜發展大規模農業，所以，此後幾年，許多德國人來到坦干伊加，辦起了棉花、橡膠、劍麻等種植園。遭剝奪土地的黑人被迫到種植園裡勞動，還要為殖民當局服勞役，繳納各種稅收。遭到白人壓迫的坦干伊加幾乎從德國入侵的那天起就開展了反抗運動。

在十九世紀末，較大的反抗運動有：沿海巴加莫約的阿布希里起義和奧馬利起義，南部赫赫族酋長姆克瓦瓦領導的部落起義，薩加拉族酋長馬欽加領導的部落起義等。在德國先進的馬克沁重機槍和排射炮鎮壓下，這些起義無一例外，都遭到了失敗，造成許多黑人死傷。一八四二年，查加族起義失敗，坦干伊加反抗運動暫時處於低潮。可是，到了二十世紀初，蘊藏在坦干伊加人心中的怒火再度爆發出來，形成了空前的規模，這就是「馬及馬及起義」。

「馬及」（Maji）在斯瓦希里語中是「水」的意思。之所

以這樣命名，與起義的發起者有關。這場起義的發起者是坦干伊加中部恩加蘭比的一位鄉間醫生，名叫金基蒂勒·恩格瓦勒。他常年四處行醫，深知民眾疾苦，也知道反德運動暫時沉寂，並非民眾已屈服於德國的殖民統治，而是經歷了前幾場大起義失敗後，許多人心裡對殖民者擁有的先進武器感到恐懼，正在等待和尋找新的反抗機會。在這種情況下，恩格瓦勒決定利用人們傳統的宗教信仰，掀起一場新的反抗鬥爭。

一九〇四年，他開始宣稱自己是上帝的使者，上帝派他來拯救大家脫出苦海。為了把殖民者趕出坦干伊加，他從上帝那裡帶來了聖水「馬及馬及」，這種水能使人逢凶化吉，刀槍不入，使德國人的子彈失去殺傷力。一旦把德國人趕走，世代嚮往的千年幸福王國將會降臨人間，死去的祖先也將在恩加蘭比復活。這個消息像電波一樣，很快在四處傳開，受苦受難的民眾成群結隊擁向恩加蘭比接受「聖水」。當時德國駐恩加蘭比的一位信使描述說：「這簡直像一個婚禮隊伍！一到達恩加蘭比，他們就在那裡留宿，每個人都在自己的分隊裡跳利金達舞。第二天早晨，他們拿到藥之後就回家了。」

恩格瓦勒手中的聖水實際上取自附近的魯菲季河，然後加入玉米、小米等穀物浸泡，使得看上去呈乳白色。恩格瓦勒把前來領取「聖水」的民眾分成一個個小組，對他們進行宣傳鼓動和組織工作，要求他們回去以後，繼續裝作替德國人幹活的樣子，等他發出向德國殖民者宣戰的信號，大家就一起動手驅逐德寇。不料，一九〇五年七月，南部基爾瓦的農民為反對種植園主任意延長勞動時間，率先舉起了反德大旗。

恩格瓦勒得知消息，只得倉促響應。他派人割斷了基爾瓦至達累斯薩拉姆的電話線，使德國人無法聯絡；又派人趕至中部和南部，號召民眾立即發動起義。起義的烈火迅速到處燃

燒，馬圖姆比人、恩戈尼人、貝納人和恩金多人都群起響應。

有人描述道：他們「只要得到聖水，或稍稍接觸了聖水，那麼他們心中除了充滿熱情外，絕不會想到死亡。戰士們一旦投入戰鬥，立即被殺敵的激情所吞噬……他們急於把敵人踩在腳下，根本不留意加農炮的轟炸。」❹

德國殖民當局對迅猛發展的起義浪潮驚恐萬狀。他們認為，這都是恩格瓦勒「煽動」的結果，便派出一支部隊，突擊包圍，抓住了他，不久就將他處死。但是，起義之火並沒有因而熄滅，反而越燒越旺，還先後攻占了一些重要的德軍據點。同年底，殖民當局從德國本土緊急調來一千多名士兵和兩艘巡洋艦，從沿海到內地，實施「焦土政策」，這才遏止了起義的進一步發展。一九○七年一月，最後一支起義軍領袖潘達被殺，標誌了這場大起義終於結束。

馬及馬及起義是東非近代規模最大的一次反殖民鬥爭，波及了坦干伊加五、六百平方公里的土地，堅持了近兩年時間。起義的發動者利用傳統宗教，進行宣傳和發動，起到了很好的效果，使這場起義超越了過去的部落界線，在反對殖民統治的共同目標下，各族人民站到了一起。因此，這場起義對坦尚尼亞現代民族主義的興起具有重要意義。

一九五六年十二月，坦尚尼亞前總統尼雷爾在聯合國第四委員會發表的聲明中高度評價了這場起義，宣稱：「人民進行戰鬥是因為他們不相信白人有權統治黑人和開化黑人。他們揭竿而起，不是由於某種恐怖主義運動的脅迫，也不是由於害怕某種迷信的誓約，而是響應自然的召喚、精神的召喚。這種召喚每時每刻響徹在一切受過教育和沒有受過教育的人們心坎

---

❹　P. Gifford: Britain and Germany in Africa. Yale, 1967, P. 682.

裡，號召他們反抗異族的統治……」❺

民族團結是獨立的保證

　　維護民族團結和獨立，是索馬利亞著名的民族英雄賽義德·穆罕默德·阿卜杜拉·哈桑畢生追求的信念。對於兩者的關係，他提出了「民族團結是獨立的保證」這個口號。賽義德一八六四年出生於索馬利亞東部一個篤信伊斯蘭教的貧苦牧民家庭。受家庭的薰陶，再加上自己的勤奮好學，他十九歲時就獲得了伊斯蘭「教長」的稱號。後來，他為了開闊視野，又花了九年時間，遊歷了阿拉伯半島、肯亞和蘇丹等地，增長了見識，特別是親眼目睹了歐洲殖民者如何在阿拉伯半島和東非地區，利用甚至製造民族分裂，削弱抵抗力量，達到了建立殖民統治的目的。他對此非常痛心，認為穆斯林兄弟應當團結起來，趕走白人異教徒。

　　一八九五年，他回到了祖國。此時的索馬利亞已是四分五裂。法國、英國和意大利各占了一塊殖民地；索馬利亞人在一分為三的同時，內部又分成許多部族，彼此缺少聯繫，有時還互相爭鬥。賽義德感到要使民族贏得獨立，除了抗擊殖民者外，更重要的是把各部落團結起來，共同抗敵。

　　以後幾年，賽義德利用在各地傳布伊斯蘭教義的機會，向廣大牧民宣傳團結的重要性，大聲疾呼：「祖國處於危急之中！」號召大家為祖國的獨立而鬥爭。在他的鼓動下，終於建

---

❺　（坦）伊·基曼博等著，鍾丘譯：《坦尚尼亞史》，商務印書館，一九七六年，第一六八頁。

立了一支祕密起義隊伍，有五千餘人，其中還有婦女。他們來自各個部落、各個地區，統一由聯合軍事指揮部領導。賽義德還制定了嚴格的軍紀，規定違反軍紀者，不分部落，均按軍法處置。就這樣，影響了索馬利亞數世紀之久的血緣界限終於被打破，而以共同的目標、共同的紀律，把各部落的人民組織起來，團結一致，由賽義德統一指揮。

經過了四年的準備，一八九九年八月，賽義德在北部重鎮布勞主持召開了由各族、各階層人員參加的誓師大會。他發表了振奮人心的講話，宣布自己是「馬赫迪（救世主）」，受「真主」阿拉的指派，將帶領大家反對歐洲殖民者。他對與會者大聲疾呼：「同胞們，歐洲殖民者已經肢解了我們的國家，正用拘禁、繚銬、皮鞭壓迫我們。現在，我們應當團結起來，立即拿起武器，把這些侵略者趕出去！」在全場「自由！自由！」「把侵略者趕出去！」的一片呼聲中，賽義德領導的索馬利亞人民大起義由此展開。

由於起義戰士來自索馬利亞各地，他們熟悉地形，並得到各部落人民的支持，所以，起義軍依靠靈活的游擊戰術，用流動性很強的騎兵隊伍，多次擊敗英國和意大利的殖民軍。其中最大的一次勝仗是一九〇三年四月發生的貢布魯山伏擊戰，他們靠著簡陋的武器和頑強的鬥志，當場擊斃英軍近兩百人，餘者狼狽逃竄。一個英軍隨行記者事後描述道：「進攻者猶如洶湧的波濤，淹沒了前沿陣地。他們打光了子彈，就用刺刀拚殺、肉搏……來福槍堅硬的子彈根本不能阻擋他們的進攻。他們靠著那種奮不顧身的英勇，取得了勝利。」這場戰役打退了英國殖民軍司令曼寧將軍指揮的鉗形攻勢。

在起義軍的沉重打擊下，英國和意大利的殖民者被迫撤出索馬利亞內陸，固守沿海的幾個殖民據點。賽義德利用這個大

好機會，開展了統一索馬利亞的運動。他奔走於各個部落之間，努力消除各部落的內訌，調解部落間的宿怨，號召大家以民族利益為重，團結一致，共同爭取國家的獨立和統一。對於那些暗中勾結殖民者的少數首長，一旦發現，就給予嚴厲的打擊和制裁。一九一三年，他在塔赫勒建立了起義軍司令部。這是由十三個石頭堡壘組成的城堡，每座城堡牆高18.29米，牆厚3.6～4.27米，離城堡三百呎處還修建了三個六十呎高的瞭望樓，準備在這裡進行長期的防禦戰。但是，在隨後的第一次世界大戰中，起義軍沒能抓住殖民軍處於守勢的有利條件，主動出擊，消滅敵人，喪失了取得最後勝利的最佳時機。

一次大戰結束，英、意得以騰出手來，向非洲之角結集軍隊。一九二〇年，英國和意大利携手鎮壓起義軍，他們採取海、陸、空聯合攻勢，動用了最先進的武器，發動了大規模進攻。與此同時，殖民者又施展了他們慣用的手法，用金錢或武力恫嚇等手段，誘使一些部落的上層分子和宗教界人士投靠他們，瓦解起義隊伍。在敵人的狂轟濫炸和重金收買下，起義軍遭到嚴重的挫折。這一年十月，賽義德率領戰士們從索馬利亞退往衣索比亞境內的伊米地區，準備休整一段時間，再回國抗戰。不幸的是，賽義德在此染上嚴重的瘧疾，不治身亡，時年僅 56 歲。

賽義德生前雖然沒有完成索馬利亞民族的統一和實現國家的獨立，但他倡導的不分民族和社會地位，全民都要抗敵的思想，卻一直激勵著索馬利亞人民開展反對外來壓迫的鬥爭，為索馬利亞現代民族主義的興起奠定了基礎。

「積極行動」，謀求政治獨立

進入二十世紀五〇年代中期，黑人的民族解放運動浪潮再度興起。與過去不同，這次黑人的反殖民鬥爭具有全非性，從東到西、從南到北，延續了二、三十年，誕生了近五十個民族國家。鬥爭方式不再是單純的武裝起義，大部分地區走的是非暴力道路，通過利用有利的國際環境和發動聲勢浩大的群眾運動，迫使殖民國家改變政策，放棄宗主權，從而獲得民族的新生和國家的獨立。但是，這種非暴力方式絕不是一帆風順的，它需要黑人民族主義領袖審時度勢，有時還要冒著坐牢甚至犧牲的危險，靠著堅韌不拔的毅力，才能取得最終的勝利。戰後，黑非洲第一個贏得獨立的迦納就是典型的一例。

迦納在英國殖民統治時期稱作黃金海岸。第二次世界大戰結束後，被派往衣索比亞和緬甸作戰的黃金海岸士兵都被勒令復員回國，重新回到殖民統治下，過著二等公民的生活。令他們無法忍受的是，直到一九四八年初，他們的工作仍然沒有安排好，殖民政府發的微薄救濟金根本應付不了物價的飛漲。於是，他們在當年二月，於首府阿克拉舉行遊行集會。在遭到警察武裝鎮壓之後，這批復員軍人抄起了鐵棍、木棒，把在戰場上學會的同法西斯作戰的本領，用到反對殖民當局身上。遊行轉變成武裝暴動。他們襲擊警察所，攻占了中央監獄，釋放了所有被關押的黑人同胞。但是，鐵棍、木棒終究抵擋不住殖民軍隊的彈壓。暴動中，先後死傷了約三百名復員軍人。

復員軍人暴動雖然慘遭鎮壓，但它給英國殖民當局和黃金海岸的民族主義都帶來很大的震動。殖民當局意識到舊的統治方式已不再適應覺醒了的黑人，必須在政治上進行改革；以恩克魯瑪為首的民族主義者則從暴動失敗中意識到憑藉武力實現

獨立，可能代價太大，應該通過建立一個強有力的領導集體，發動更廣泛的群眾運動，利用殖民當局進行政治改革的機會，逐步取得政治獨立。恩克魯瑪一九〇九年出生於迦納西南部一個金匠家庭，早年曾到美國林肯大學、林肯神學院和賓夕法尼亞大學留學和任教，獲得了教育碩士和哲學碩士學位。一九四七年十一月回到了闊別十二年的祖國，立即投身到民族解放運動中。

「二月暴動」失敗後，恩克魯瑪也未能倖免，一度被捕入獄。獲釋之後，他於一九四九年六月建立了「人民大會黨」，自任主席，提出要用「積極行動」實現獨立。他在黨的創立大會上表示：積極行動就是「採取我們能夠用來打擊在我國的帝國主義力量的一切合乎法律和憲法的手段。我們的武器就是：合法的政治鼓動、新聞報紙和教育運動；而作為最後手段的是：依據絕對非暴力的原則，在憲法範圍內運用罷工、抵制和不合作。」他同時告誡群眾：「自由是不會放在銀盤子裡，給任何被殖民國家送來的；只有經過艱苦和英勇的鬥爭，才能贏得自由。」❻

第二年一月，他正式宣布「積極行動」開始，除了醫院職工和維持秩序的警察，所有黑人一律進行罷工，並抵制英國商品。在他的號召下，黃金海岸迅速出現一場新的群眾運動。因為是總罷工，各大城市處於癱瘓狀態，連農村也出現抵制英貨運動。面對迅猛發展的「積極行動」，殖民當局搗毀了人民大會黨的總部，將恩克魯瑪等人逮捕下獄，想以此平息這場運動，但未奏效。在此情況下，英國被迫做出政治讓步，允許黃

---

❻ 《恩克魯瑪自傳》，世界知識出版社，一九六〇年，第一一七頁、一〇八頁。

金海岸實行內部自治，舉行立法會議選舉，成立責任政府。

「積極行動」取得了初步的勝利，恩克魯瑪的威望空前提高。一九五一年二月，黃金海岸舉行了歷史上的首次大選。結果，人民大會黨贏得大選，在38個選舉議席中獲得了34個席位，尚在獄中的恩克魯瑪也被選為議員。殖民當局被迫把他提前釋放。二月十三日，恩克魯瑪以立法議會中多數黨領袖的身分成為自治政府的領導人，並兼任不管部部長。但是，自治政府的實權依然掌握在英國總督手中，並且指定由英國人任國防、外交、財政、司法等重要部會的部長。為此，恩克魯瑪清醒地意識到加入立法議會並不是目的，而是為了爭取「完全自治」，從議會內外進行鬥爭並取得勝利的手段。他認為，殖民政府除非受形勢所迫，絕不會自動讓殖民地脫離它的控制。

為了贏得徹底的獨立，恩克魯瑪繼續走非暴力的道路。首先是領導自治政府採取各種措施，在經濟社會發展方面邁出了較大的步伐，讓更多的人對民族政府有信心。其次是修改憲法。一九五三年七月，恩克魯瑪提出「獨立的提案」，要求使黃金海岸成為英聯邦內的獨立主權國家；取消殖民官員作為政府當然成員的資格，會議中經間接選舉產生的席位也全部改為由直接選舉產生，因為這些席位過去都是由親英的酋長擔任。

恩克魯瑪的提案得到大部分議員同意，英國也不得不表示口頭上支持，但認為這需要有一個過程。新憲法在一九五四年頒布，實現了政府成員全部由黑人擔任的目標，黃金海岸在自治方面又向前邁進了一步。此後，英國通過扶持反對黨，繼續阻撓獨立的進程，要求舉行新的大選，作為獨立的先決條件。恩克魯瑪與英國幾度交涉未果，在得到殖民總督擔保選舉將在自由和公正的狀況下進行後，同意於一九五六年舉行大選。結果再度出乎英國的預料，恩克魯瑪及其領導的人民大會黨又一

次獲勝，在議會的104個席位中得到72席。在第三次組閣時，恩克魯瑪明確要求英國確定獨立的具體日期，並促使議會通過了獨立的決議。英國政府見黃金海岸獨立再也拖不下去了，便提出由英國女王為黃金海岸的國家元首，由總督代行職權，負責國防和外交。

一九五七年三月，黃金海岸正式宣布成為英聯邦內的一個獨立國家，改名為迦納。一九六〇年七月，恩克魯瑪宣布迦納不再承認英女王是本國的元首，成立迦納共和國。不久，他當選為首任總統。經過長達百年的鬥爭，經歷了從武裝鬥爭到走議會道路的途程，迦納終於從一個殖民地發展為黑非洲第一個享有完全主權的國家。迦納的這種獨立道路後來成為大部分非洲國家爭取獨立的模式。

Chapter 5
走大眾化藝術之路

　　黑人發展過藝術嗎？現在看來，這個問題似乎提得很低級。可是，在近代很長的一段時間裡，西方學者給出的答案幾乎都是否定的。十九世紀，法國著名作家高比諾（一八一六～一八八二年）在其小說《七星詩人》中是這樣說的：「黑人缺乏智力，因此他們完全和文化藝術無緣，甚至無法賞析人類智力在崇高實踐中的優雅創造。」這個觀點曾長期代表了西方學者對黑人藝術的看法。直到二十世紀初，戴維・休姆還認為：黑人「沒有技巧的製成品，沒有藝術，沒有科學。」

　　可是，到了第一次世界大戰結束後，隨著黑人藝術品的大量發現和重新界定，反倒在歐洲出現了一股對黑人藝術欣賞的熱潮：金銀首飾匠參考非洲首飾，打造婦女項鍊；服裝設計師保爾・普瓦內在他的著作說明中畫過一件黑人面具，並注明這是時代的服裝。文藝演出也使觀眾逐漸習慣於具有非洲色彩的布景設計和音樂節奏，派生出爵士樂、黑人芭蕾舞，等等。二

十世紀的藝術大師畢加索、馬蒂斯和勃拉克（立體主義先驅）等人，據說就是在黑人藝術的啟迪下，開創了現代藝術之先河，黑人藝術被認為是他們的藝術靈感之源。

一九五六年七月，當代東西畫壇兩巨擘張大千和畢加索在法國尼斯港畢府相晤時，畢加索宣稱，世界上真正能算得上有藝術的民族或人種只有三個，第一個是中國人，第二個是日本人，第三個是非洲的黑種人❶。

畢氏的這番話可能言過其辭了，但它的確發自大師的肺腑，說明黑人在過去創造的藝術得到了大師的由衷推崇。實際上，黑人藝術扎根於和中國、日本等東方藝術同樣古老的歷史之中，在不同的時代，都曾充滿勃勃生機，不斷推陳出新，創造了燦爛的文化藝術，並形成了自己的獨特風格——注重藝術的社會性，走大眾化藝術之路。

賦予音樂以社會功能

非洲黑人能歌善舞，為世人所公認。他們的音樂絕少矯揉造作，是他們豐富的情感世界自然而真實的流露。他們在各種宗教儀式、節日慶典上載歌載舞，盡情歡唱。這既是禮儀、節日的必備內容，又是最大眾化的娛樂方式。不僅如此，黑人的音樂創作和表現形式還達到頗高的藝術水準。

德國音樂家馮·霍恩博斯特爾曾高度評價黑人音樂：「非洲黑人非常善於音樂。一般來說，他們大概比白種人更有音樂

---

❶ 李永翹著：《張大千全傳》，花城出版社，一九九八年；紀棠著：《畢加索》，花山文藝出版社，一九九八年，第二〇三頁。

天才。關於這一點，我們……可以從非洲音樂（特別是多聲部和節奏方面）的高水平看出來。」❷

非洲黑人的音樂活動，男女老少都樂於參加。它是黑人社會生活的一部分，也是一種社交性活動。因此，音樂活動一般在開闊的村社廣場公開舉行。坦尚尼亞的桑卓族舉辦音樂活動的廣場同時也是舉行宗教儀式的場所，面積很大，可以容納上千人。廣場四周是村民居住的茅屋。舉辦音樂活動時，大家都自發地擁向廣場。當演出達到高潮時，觀眾也參與進去，使娛樂的氣氛更加熱烈。歡聚一起，進行音樂活動的人通常都屬於同一部落或社區，他們有著共同的習俗、共同的文化傳統和共同的社會準則。因此，音樂成為他們表達共同情感的渠道，可以增強部落的認同感。

黑人賦予了音樂豐富的社會功能，將它廣泛地運用到他們社會生活的各個領域。

首先，是各種慶典和禮儀場合，甚至在葬禮和祭祀儀式上也能見到。比如在迦納阿丹格米族女孩青春節的典禮上，有一種特定的音樂，這種音樂不僅能增添歡樂的氣氛，而且伴隨著音樂和舞蹈動作，演示了母性的職責和期望。同樣，在坦尚尼亞一些地方的男孩割禮儀式上，也唱這種教導式的歌曲。這實際上是運用音樂手段，對青年男女進行青春期教育，告訴他們本部落的行為準則，以及基本的生產和生活方式。西非阿散蒂族還有一種「矯正」習慣尿床者的歌曲，裡面充滿了羞辱的色彩，想以此方式激勵孩子克服這一毛病。在黑人的祭祖儀式上也少不了音樂。為了祝願祖先安息，祈求他們的保佑，黑人在

---

❷ 轉引自杜波依斯：《非洲：大陸及其居民的歷史概述》，世界知識出版社，一九六四年，第 82 ～ 83 頁。

祭禮上要唱一些專門歌曲。例如，坦尚尼亞的沙姆巴族在正式典禮開始後，主祭者首先領唱以下一首歌——

聽，你聽，這智慧的先知之音！
你這個年輕人快來朝拜自己的英靈。
跪下，向祖先頂禮膜拜！
也許他已安息，那柴烏塔神的英靈，
還有那邦格維神的英靈。

然後，人們用合唱答道——

跪下，向祖先頂禮膜拜！
也許他已安息，那柴烏塔神的英靈，
還有那邦格維神的英靈。

在向部落祖先和所有死去的人獻祭之後，大家再一次大聲合唱——

願英靈安息！
一粒穀子就能裝滿地下糧倉。❸

其次，黑人將音樂巧妙地運用到自己的生產活動中，常常一邊勞動，一邊唱歌，既增添了幹勁，也減輕了疲勞。十九世

---

❸ 這句話的意思是：如果靈魂不干預，一個人就能使兒孫滿堂。參見（迦納）J·H·克瓦本納·恩凱蒂亞著，湯亞汀譯：《非洲音樂》，人民音樂出版社，一九八二年，第 35 頁。

紀中期，英國旅行家拜爾頓在南部非洲看到：「划槳的人配合著槳的運動歌唱，挑夫一面走一面唱，主婦一面舂米一面唱。」樂師們也為屠夫和鐵匠演奏音樂，幫他們吸引和招待顧客。卡瑪拉·萊伊在《非洲兒童》一書中曾記載了一個金匠鋪專門請歌手為熔金過程配樂的故事：「讚美歌的歌手在鋪子裡坐定，調好他的可拉琴，就開始用歌來讚美⋯⋯對句展開後，我就好像在內心看到了一棵家譜大樹，它的樹枝逐漸伸展，大枝、小枝都在我眼前繁密起來。在講述這些浩繁的姓名時，以豎琴伴奏，用柔和的嗓音，時而又用尖聲鋪敘，並強調這些姓名。」❹位於迦納北部的弗拉弗拉族，人們在田頭上常能看到一個獨弦琴演奏者和一個響器演奏者正為割草人伴奏。他們演奏時，割草人伴隨著音樂的節奏，整齊地一起揮舞彎刀，使彎刀的割草聲有規律地落在節拍上，明顯地提高了割草的速度和效率。在巴羅茲蘭，村民們從地裡幹活回來時，喜歡聚在村頭大樹下聽樂師獨奏，邊聽邊幹別的手藝活。音樂也運用在狩獵活動中。奈及利亞的約魯巴族獵人狩獵途中，要唱上幾段特殊的音樂〈依查拉〉，讚美大自然及其造物，希望自己能滿載而歸。

　　音樂還被用作鼓舞士氣的一種精神力量。在黑非洲許多部落的同齡兵團裡，製作了專門的類似於軍歌的樂曲，供出征前和出征途中演奏、歌唱。當兩軍對壘，格鬥正酣時，後面的鼓手也會敲響自己的軍樂，以激起戰士高昂的鬥志。迦納阿肯人中，還有專供婦女在男人出征前歌唱，祝願她們的男人平安歸來的歌曲〈阿斯拉耶爾〉（意思是：「去看妻子們」）。

　　此外，黑人還將音樂發展為王宮日常生活和王國政治制度

---

❹　轉引自 J·H·克瓦本納·恩凱蒂亞《非洲音樂》，第 25 頁。

中不可缺少的一部分。在國王的登基、節日慶典、死亡、葬禮、祭禮和日常生活中，幾乎都有特定的音樂，而且某些官職還用樂器作為其象徵。例如，烏干達和南非的一些部落、王國，首領都珍藏著「聖鼓」，作為首領個人生命和部落、國家利益的象徵。在西非的達荷美王國和阿散蒂王國，宮廷樂師每天都為國王精心設計了一套音樂節目：不同的時刻演奏不同的音樂；每天以音樂開始，又以音樂結束。宮廷樂師多半是某一音樂領域裡的專家，有鼓手、琴師、號手和笛手等，他們或獨奏，或合奏。

黑人的音樂不是孤立的，它經常與其他藝術形式，如舞蹈、戲劇和面具化裝緊緊結合，並同各族歷史相映。伴隨著節奏感強烈的樂曲聲，人們就會很自然地跳起舞來。在很多場合，演唱的內容是本族的歷史，尤其是酋長的功績和本族歷史上發生過的重大事件。這樣，把對下一代進行的本族歷史教育寓於生動活潑的音樂活動之中，把枯燥的歷史當作娛樂活動的內容，讓人們牢記不忘。

讓鼓發出神奇的聲音

在世界各民族的音樂發展中，鼓幾乎被不約而同地發展為打擊樂器之一，是家喻戶曉的一種樂器。但是，鼓在黑非洲，無論是其造型還是對它的運用，都達到了盡善盡美的地步。它不僅是黑人音樂中最重要的樂器，而且在他們的生活中扮演了重要的角色。鼓聲歷來是激勵黑人英勇戰鬥的號角，伴隨著他們降生、成長，直至死亡。西非的一些地區，甚至每個初生的孩子都要起個鼓名。足見鼓對他們生活影響的深遠。

在黑非洲，鼓的種類繁多，小的如手掌大小，可夾在腋窩下，用手指或手掌敲擊；大的高達一、二米，直徑近一米，需幾個人抬行，人得站在凳子上敲打。這些鼓的形狀各異，有圓錐形、圓柱形、碗形、漏斗形、瓶形、圓形和方形等。僅在烏干達，鼓就有幾百種之多。製鼓的材料和方法也很多。鼓身一般用硬圓木雕成，也有的用木條外箍鐵圈製成，或用其它中空的容器作鼓身，如硬果殼、葫蘆、廢棄的鐵筒等。鼓有單雙面之分。單面鼓是一面裝鼓皮，另一面用木板或不能共鳴的獸皮封住。雙面鼓是在兩面的敞口處都棚上一層獸皮，如羊皮、牛皮、羚羊皮、豹皮、蛇皮、鱷魚皮等。這些獸皮可以粘在鼓身上，用蒺藜或釘子釘住，或旋以木栓，能插進拉出，以調節鼓皮之鬆緊。有的還在鼓箱裡加一些豆子或珠子，敲起來更加鏗鏘悅耳。在西非，還流行一種用葫蘆做成的「水鼓」，使用時把它放在水裡，用手或小木棍敲打，會發出一種低沈而憂鬱的聲音。

大多數的鼓用敲擊法演奏，即用棍子或手掌敲打。棍子的形狀和大小依鼓而定，有圓柱形的、頭上帶結的棍子，或曲形棍，或稍有點彎曲的棍子。也有的鼓是手、棍並用。在響亮度的使用技巧上，用捂起的手、手掌，或手掌、手指並用，敲擊鼓面的不同位置，都可影響音色和音高。也有的鼓是用摩擦法演奏。如在迦納阿肯族中的「埃特維埃鼓」，演奏時先在鼓面上噴一層粉，然後用一根小棍子摩擦鼓面，發出聲音。在東非和中非，人們用濕手摩擦從鼓中心穿過的一根繩子或棍子，使鼓膜振動出聲。不同形狀和大小的鼓可以組合在一起合奏，以敲出不同的音調和音高。在烏干達王宮，有一套巧只鼓組成的「恩坦加」套鼓，每只鼓都有一定的音高，其中十二只鼓構成了主旋律部分，有四個鼓手演奏，每個人的演奏範圍都有五只

鼓；另外三只鼓構成節奏部分，有兩個人演奏。

鼓是黑人歌舞活動中使用最廣泛的打擊樂器。沒有鼓便沒有舞，有舞就有鼓。因為在具有強烈節奏感的鼓聲召喚下，人們便不約而同地匯集到村中廣場，翩翩起舞。

所以，鼓被譽為非洲「音樂之王」，是黑人傳統舞蹈的靈魂。在西非多哥的歌舞活動中，何時奏樂，何時唱歌，何時起舞，乃至旋律的快慢、聲音的高低，都是聽從主宰鼓——大鼓之人的指揮。

鼓除了有音樂伴奏的功能之外，黑人還賦予它廣泛的社會功能。單面張膜的「達姆鼓」在古代常用來傳遞死亡、火災、打獵及戰爭警報等各種信息。在奈及利亞民間，有專門為迎接貴客而演奏的「剛剛」鼓，有在歡度月圓、孩子命名和舉行婚禮時使用的「克瓦伊拉」鼓，有在慶典儀式上才能拿出來使用的「塔姆巴利」鼓等。在約魯巴地區，有一種被稱為「伊雅—伊努」的鼓，宮廷樂師用它演奏之餘，特殊場合，還通過敲打一些特殊的鼓點，向國王或大臣傳遞信息，因而有「談話鼓」、「通話鼓」之稱。這種以鼓傳遞語言信息的傳統存在於黑人許多族中。有的村長或酋長就用鼓作為自己的「傳令員」。比如，為了提醒人們及時參加公益勞動，便用鼓發出「招呼信號」；如果發現火情或遇猛獸襲擊，就用鼓發出「呼救信號」。在赤道幾內亞，由於森林占了全國面積的70%，村莊之間，甚至住戶之間，常被茂密的林木隔開，遇到緊急情況，彼此聯繫上很不方便，因此，每個村和每家每戶都備有木鼓，並用鼓點編出各村、各家的代號，如有急事，就用這種鼓點代號互相通知。鼓還被用作權力和威嚴的象徵。在今烏干達境內的布干達人中，過去規定不同等級的人占有鼓的數量不同，國王占有的最多，僅大鼓就有93個。從他往下，依次遞

減。國王和酋長的鼓製作複雜，由專人負責。製作前要舉行一個神聖的儀式，還設有專人敲打和保管。

因為鼓具有娛樂和廣泛的社會功能，專業鼓手也就享有非一般樂師所能擁有的社會地位。他們倍受人們尊敬，經常得到禮品和錢財。迦納阿肯族的鼓手演奏時常用諺語式的語言提醒他們的觀眾——

自從上蒼創造了世界，
自從萬能的上蒼創造了世界，
鼓手就受到了禮遇和款待。
誰當了鼓手，誰就嘗到了佳肴美菜。
如果你想抓住猴子，
得把熟了的香蕉拿出來。

言下之意，他們的優厚待遇古已有之，是至高神安排的結果；如果想聽到他們優美動聽的鼓聲，就得付出代價。

木琴及其演奏者

在黑人的傳統樂器中，木琴的作用僅次於鼓。這種打擊樂器也稱作「鳴樂器」，黑人在製作和演奏上都達到了很高的水平程度。

木琴的樣式因非洲各地的植被而異，大體上分成三種：第一種是把一系列按大小排列的木片（鍵）裝在共鳴器上。在西非、中非和肯亞等地，共鳴器用某種容器做成；在坦尚尼亞的扎拉莫人中，共鳴器是木頭盒子；在奈及利亞的伊格博人中，

則用土罐。第二種是把木片裝在兩根香蕉桿上，並用裝於桿子上的小木棍在木片之間固定。這種木琴流行於幾內亞、象牙海岸、扎伊爾、烏干達、坦尚尼亞和莫三比克等地。第三種是把木片裝在用木棍做的木框上，下面吊著許多用葫蘆做的共鳴器，排列順序按從小到大的木片所發出的音高而定。這種木琴廣泛分布於黑非洲各地。製作木琴的木片數目各不一樣。有的木琴音域狹窄，僅有一～四只木片──但這種琴只存在於西非和南部非洲的少數地區。大部分木琴是由十～二十二只木片來構成的。

不同類型的木琴定音差別很大，甚至類型相同而片數不同的木琴也有定音的區別。黑人對木琴的定音順序，一般從低音到高音，或從大木片到小木片排列。定音體系分五聲、六聲和七聲三種。等距或不等距定音法都存在，但前者運用得更為普遍，即設法使各音級之間的音程相近，以利於變調。如在迦納的木琴作品中，一個旋律，開始的音位通常可上下移動，以便同歌手的聲音相一致，或抵消樂器由於溫度高而產生的音色變化。黑人這種定音體系對演奏多聲部音樂也有利，使許多旋律線能同時演奏。

黑人演奏木琴分獨奏與合奏兩種；合奏木琴又分數架木琴合奏和數人合奏一架木琴兩種情況。東非的喬比人尤其擅長於把數架、甚至數十架木琴組合起來，進行大合奏，其場面蔚為大觀，使高、中、低音都得到充分發揮。有的民族或部落喜歡數人一起合奏同一架木琴。例如，烏干達，有供三人演奏的「阿瑪丁達」木琴和供六人演奏的「阿卡丁達」木琴。演奏前者時，其中兩個演奏者並肩而坐，另一人面對他們坐著；演奏阿卡丁達木琴時，六人分成兩半，各為三人，相對而坐演奏。無論是幾個人合奏，每個人都有自己演奏的聲部和演奏音區，

即供他演奏的木琴片。此外，木琴還可同其他樂器合奏，如鼓、鈴、響板、手琴、笛等，組成黑人民間的「交響樂」。

與鼓一樣，木琴除了為娛樂而演出外，也在各種典儀場合演奏。某些地區，木琴也用來發布通知。如迦納西北部，木琴被用作發布喪事的工具——木琴師通過演奏許多為喪禮準備的哀調中的一種，運用旋律高低和長短的差別，告訴死者的遠親和其他村莊的人，死者是男還是女，是老人還是小孩。

在黑非洲，木琴師往往是子承父業，演奏技藝代代相傳。這些木琴世家的姓氏便能反映其職業。如幾內亞和馬利，只要見到「庫亞特」或「迪亞巴特」姓氏，就可斷定其人出身於琴師世家。想成為一名稱職的琴師，就得從小開始接受專門訓練。幾乎從幼兒時起，琴師世家的孩子就要在長輩黑陶下，熟悉各種音樂的節奏，培養他們對音樂的興趣。稍後，琴童需練習自編自唱的兒歌。長輩們經常讓琴童傳話和傳遞其他消息，以訓練他們口齒伶俐、表達準確。到了十歲左右，琴童要開始嚴格模仿長輩們的表演，背誦各大家族的族譜、史詩和傳說。在節日慶典上，有時會讓他們當眾演奏木琴，訓練他們的臨場應變能力。十四歲以後，琴童便開始接受琴師各方面的訓練，直到他們能夠獨力當眾演奏為止。

由於從小接受口傳文化的薰陶，並經常獻藝他鄉，見多識廣，所以，琴師們一般知識淵博——他們是黑人古老文化遺產的繼承者和傳播者之一。琴師在表演時，演唱的內容主要是本民族或部落的歷史，包括國王和酋長的興衰史、各大家族的族譜和神話傳說。儘管黑非洲絕大部分地區長期處於無文字狀態，但黑人的古老文化、歷史傳統大多得以代代相傳。這其中就有琴師們很大的功勞。

此外，琴師用歌唱的形式，向聽眾傳授了各種生活和生產

知識。所以，黑人琴師有「活的百科全書」之稱。

在黑人的傳統社會裡，著名的琴師通常都是國王、酋長身邊的顧問，享有很高的社會地位。琴師當中甚至出現過傑出的軍事家。十九世紀末，在幾內亞著名的抗法英雄薩摩里·杜爾麾下，有一位猛將迪烏巴特屢創法國殖民軍，此人就是琴師出身。現在非洲的琴師雖無往日的顯赫地位，但仍受大眾歡迎，每逢節日慶典、重大禮儀活動，總是邀請琴師前來助興。

在幾內亞人傳統的婚禮上，人們總能見到琴師掛一把十來斤重的小木琴，邊走、邊彈、邊唱，向來賓傾訴新郎、新娘家族的光榮歷史以及一些祝願性的話。此時，他們與鼓手一樣，起到了寓教於樂的作用。

至美的人體藝術

舞蹈是黑人十分喜愛的一種藝術表現手段。它以人體為表現工具，用千姿百態的動作塑造藝術形象，藉以表達舞蹈者對長輩的尊敬、對恩人的感激、對仇人的憤怒，同時也表露出舞蹈者的宗教信仰、生活習俗和社會地位等。所以，舞蹈被稱為黑人人體動作的藝術。在許多部落，舞蹈就是生活。人們常說：「男人不會跳舞，不能成為英雄；女人不會跳舞，不能算是個好女人；年輕人不會跳舞，就只能獨身一輩子。」由此可見舞蹈在黑人生活中的地位。

黑人的舞蹈種類繁多，風格各異，頗具民族特色。同一種舞蹈內容，不同部落的跳法有很大的差別，甚至兩個相鄰的村莊也有各自的舞蹈風格。就整個黑非洲而言，舞蹈的種類多達上千種，每種舞蹈都有其特定的內容與形式，也有其特定的表

演場合和社會與藝術功能。有時，舞蹈者的一抬頭、一舉足，都有所寓意。如迦納阿肯人舞蹈時，當舞蹈者用右手或雙手指天，這是表示：「我指望老天。」當他把右手手指輕抵頭上，意為：「這是我頭腦思考的事，有些事我該認真考慮一下。」如果他把右手食指按在右眼下，則意指：「我無可奉告，只想看看事情如何發展下去。」舞蹈者在音樂的最後一拍上向內曲起雙手，同時伸出右臂，這是表示：「如果你用繩索綁住我，我將把它們掙得粉碎。」當然，舞蹈者的一招一式並不必然明確地表達某種思維，有的僅僅反映了他們的喜怒哀樂。

黑人舞蹈的動作有簡有繁。迦納的弗拉弗拉人發展出一種被稱為「迪阿」舞的漫步舞，即是由簡單的動作組成。跳時，人們排成縱隊，每個舞蹈者右踝上戴一串蜂音器，右手握一把劍。當音樂奏到強拍上，他們右腳跺地；奏到弱拍，左腳快速輕踏一下。當右腳跺地時，身體隨之向右傾斜，弱拍時則擺向左邊。整個舞蹈動作就這樣循環下去。阿肯人的舞蹈動作比較複雜，有一套複合的基本步型，同時把手和腿的姿態結合起來。當腳以二拍子速度移動時，身體以同樣或更快的速度向一邊傾斜，同時，手不停地舞動。某些族的舞蹈，動作只局限於身體的某一部分。如迦納達戈姆巴人的「恩英多古」舞，主要是腹肌的蠕動；洛比人和安洛—埃維人則強調上半身的動作，包括胸部和雙手。奈及利亞卡拉巴利人的舞蹈，臀部有各種細微的動作；布伊多沙人和卡塞納—南卡尼人的「揚果」舞則用腿的誇張姿勢和膝蓋高抬的動作，體現自己舞蹈的特色。有些部落的舞蹈是把上述動作結合起來，包括抖動、跺腳、彎腰、下蹲、跳躍、騰空和翻筋斗等。

黑人各族的舞蹈是和音樂連在一起的。當音樂在宗教儀式、公共節日或勞動之餘奏響時，人們會情不自禁地合拍起

舞，且舞蹈的動作隨著音樂節奏的變化而變化。例如，迦納的安洛—埃維人跳的「阿格貝閣」舞包括多種舞蹈步型，每種步型都由領鼓擊出恰的節奏引出。這種舞還有過渡段落和信號暗示下一步所跳的動作，所以舞蹈者一定要熟悉音樂，跟上節奏。迦納北部流行的「塞克佩雷」舞，其音樂由木琴演奏，節奏部分用鼓、鈴和鐵製響板，並由舞者自己演奏，各舞蹈間的過渡信號則由領鼓奏出。在音樂牽引下，舞蹈者以誇張的形體動作抒發自己的情感，表現出強烈的節奏感和律動性。

撇開紛繁複雜的舞蹈動作，黑人舞蹈表現出很強的大眾性和社會性。勞動之餘和烈日西下之時，人們經常會聚集在茅屋前的空地上，踏著歡快的鼓點，載歌載舞。這種非正式場合的舞蹈，參加跳舞的人數不定，往往是圍成一個圓圈，不分男女老幼，均可參加。如是節慶日或一般休息日，這種民間舞蹈常常通宵達旦。參加者還會穿上艷麗的民族服裝。誰家舉行婚禮或添了兒孫，前來賀喜的親朋好友飽食一餐後，會情不自禁地歡快舞蹈，與主人分享歡樂，並為其祝福。

在坦尚尼亞的一些部落，當年輕的丈夫得知妻子已懷孕時，他會邀請鄰居們跳祝福舞，把這個喜訊告知眾人。在祝福舞會上，年長的婦女又是通過自己的舞蹈動作，告訴孕婦今後要注意的事。南非祖魯人的成人儀式上，年輕人為慶賀自己即將跨入成年人的行列，他們會跳起歡快的成人舞。此時，長者也會加入舞蹈的行列，目的是用歌舞的形式告訴他們，以後如何獨立生活和交友結婚。就連葬禮這樣悲哀的場合也少不了舞蹈。只是，跳喪禮舞時，音樂伴奏和歌聲比平時低沉，人們跳的舞步緩慢，似乎在陪同死者走過通往鬼神世界的那段最初的艱難旅程。蘇丹南部的阿克比亞族，這種緩慢的舞蹈漫長得可以延續七天。迦納的孔孔巴族，年輕人有責任在部落長者、甚

至鄰近部落長者的葬禮中跳舞，以表達對死者的尊敬和部落成員間的團結精神。

黑人舞蹈也體現了他們濃厚的傳統宗教色彩，帶有祈求神明、精靈和祖先靈魂保佑的意味。在許多部落的宗教儀式上都有舞蹈這一內容。如阿肯人舉行宗教儀式時，跳一種神靈附體舞〈阿闊姆〉。跳一組這種舞，大約包括十二種舞蹈形式，每種形式都有一套固定的舞蹈程式，用一首規定的鼓曲和一組歌曲伴奏、伴唱。在剛果，當某人染上病因不明的疾病時，便被認為是招了什麼邪，病人將由家人送進供奉神物的小屋裡驅邪，直到病癒。在此期間，病人每天往身上塗棕櫚油、赭石粉，臉部塗上白色斑點，想以此嚇走邪氣。到了晚上，家人和村民們在小屋前圍著篝火跳舞，幫助病人驅邪。坦尚尼亞馬孔德人跳的〈里皮庫〉舞也是一種宗教舞蹈，舞蹈者要戴上各種各樣的面具，把自己裝扮

成精靈和鬼怪。他們跳的〈恩里恩果梯〉舞也是如此。跳這種舞時，由兩、三個表演者各自踩著綁在小腿上的兩個約三米長的高蹺，炫耀自己的舞技；另外幾個人則戴著面具，腰間和頸部繫著各種響鈴，手裡不斷揮舞著馬尾拂塵，以示驅逐妖邪鬼怪。

舞蹈也顯示了黑人各族具有很強的模仿性和豐富的想像力。他們通過佩戴面具、著裝、塗色或手拿道具，模擬農事、狩獵、放牧及戰爭等活動。剛果的潘德人跳舞時，主要通過戴面具進行模仿。著意模仿戰爭場面而得名的〈戰爭舞〉幾乎流行於黑人各族。跳這種舞的人通常都是年輕男子，他們手拿矛、盾或其他武器，分成幾隊表演，展示他們勇猛強悍、勇往直前的氣魄，讓人情不自禁地聯想到戰爭場面。

十九世紀七〇年代，著名的探險家斯坦利穿過非洲腹地

時，在剛果親睹了村民跳戰爭舞的場面──他們「同時跳起來，又同時匍匐在地……顯示昂揚的氣魄。然後頭同時低垂，發出淒切的哼叫聲……我們彷彿經歷了戰敗的慘狀，遭受了劫掠和殺害；我們彷彿聽到傷員的呻吟，看到孤兒寡母在遭到摧毀的茅舍和荒蕪的田野上哭泣。」

搖籃曲的折射

　　音樂、舞蹈常和歌聲連在一起。獨唱、合唱等歌唱形式幾乎都伴隨著黑人的器樂演奏。舞蹈時也一樣。因為總有一些時刻，舞蹈不是那麼激烈，舞蹈者為了吸引觀眾，可以在木琴或其它樂器的伴奏下進行獨唱或合唱。一首悅耳動聽的歌不僅在音樂中提供了對比，在與之同時進行的舞蹈中也提供了對比。歌曲的主題一般都與黑人的生活和生產活動有關，往往集中圍繞在大家共同感興趣和關心的事情上，包括重要的歷史人物和歷史事件。這種反映現實生活的創作風格不僅表現於嚴肅的宮廷歌謠和同典儀有關的曲調中，連在給嬰兒唱的搖籃曲中也是如此，儘管嬰兒可能還理解不了歌詞的內容。

　　黑人搖籃曲的創作者幾乎都是名不見經傳的普通婦女。她們除了承擔繁重的家務活和農活外，養兒育女的重任自然也落在她們的肩上。為了撫慰哭鬧的孩子，為了讓孩子能盡快安睡，她們便輕聲哼唱具有催眠作用的民間小調。她們哼唱的歌詞既有先輩們流傳下來的，也有她們自己的即興創作，把她們當時的所思所想用歌唱形式表達出來。因此，搖籃曲的內容實際上就是黑人農家日常生活的真實表露。

　　當孩子的媽媽下地幹活去了，照料嬰兒的責任落在孩子的

姐姐、祖母或其他年長者的身上時，她們就向孩子唱道——

> 你的媽媽到哪兒去了？
> 她去取柴火了。
> 她給你留下什麼？
> 她留下了一些香蕉。
> 我可以吃一根嗎？
> 不！一根都不給你。
> 你在哭嗎？別哭了！
> 你在唱嗎？別唱了！

　　這種自問自答的形式在搖籃曲中經常見到，因為聽者是一個不懂事，或許還是一個不會說話的嬰兒，問者只能自己回答。這種自問自答的方式既起到延長時間的作用，其單調的詞語和格式的頻繁出現也起到了催眠的效果。以下的一首搖籃曲是媽媽外出幹活回來時，發現留在家中的小孩正在哭泣，因而唱出的一段安撫詞——

> 如果你餓了，就自己煮飯吃。
> 你為什麼哭呢？
> 你是個種椰薯農民的孩子❺。
> 你為什麼哭呢？
> 你是個種芋薯農民的孩子。
> 你為什麼哭呢？

---

❺　椰薯，熱帶非洲的一種塊莖植物，其泥土中的塊莖可煮或烤著吃。它和下文中的芋薯同屬薯蕷科植物，類似於中國的白薯或山芋。

這段歌詞在哄勸孩子不要哭的同時，並激勵孩子要做一個真正剛強的農民後代。椰薯和芋薯是黑人的主要食糧之一。媽媽在提到這兩樣東西後，她會接著哼唱——

別哭了！
火上正給你烤一片芋薯。
別哭了！就要烤好了。
別哭了！就要烤好了。

我多愛吃玉米粉呵！
我碾呵碾呵，
就在盤子裡把它碾碎。
哦！我多愛吃玉米粉呵！

吃得飽來長得壯，
等我回來時，你一定健壯，
等我回來時，你一定健壯。

這組搖籃曲構成了在外幹活的母親中途回家照看孩子的全過程。有時，當家裡沒有人照看小孩，做母親的又擔心孩子一個人在家會害怕、寂寞時，她會告訴孩子，家裡還有許多家禽、牲畜，它們就是他（她）的伴兒——

科菲❻，

---

❻ 星期五誕生的男孩名。此首歌曲採自迦納阿肯族。該族給孩子起名時，喜歡用所誕生的星期幾命名。如是男孩，從星期日到星期六的名稱依次是：克瓦西、克瓦多、克瓦本納、克瓦庫、約、科菲、克瓦米納；如是女孩，依次是：阿科蘇阿、阿多阿、阿貝娜、阿庫阿、雅、阿富阿、阿瑪。

待在家裡。
敲敲鼓，
鸚就會跳舞。
肯─肯─卡**❼**，
叫雞跳個舞。
肯─肯─卡，
叫雞跳個舞。

　　母親回到家裡，發現孩子不像她所想的那樣玩得開心，而是在哭泣，她會用親昵的語氣責罵家禽或家畜──

誰家孩子打了我的孩子？
那會是小山羊嗎？
誰家孩子打了我的孩子？
那會是小綿羊嗎？
誰家孩子打了我的孩子？
那會是小貓咪嗎？

　　如果孩子仍然哭個不停，接下來的歌詞更是直接了當──

別哭了，別哭了！
別哭了，沒有人會看你的喉嚨。
你的喉嚨裡有一塊金剛石。
別哭了，沒有人會看你的喉嚨。

---

❼ 鼓的節奏。

搖籃曲不只限於哼唱者對孩子的懇求，有時還寄托了母親對孩子的希望，特別是在一夫多妻制的家庭裡更是如此。母親總是盼望自己的孩子健康快樂地成長，能為自己爭光添彩。因此，搖籃曲便成為她們評述有關個人利益的一個渠道，妒忌和猜疑的主題也就自然反映到搖籃曲中。

在西非，有一則故事講到，某人有兩個妻子，她們都想有個孩子。其中一個正受到丈夫的寵愛，能得到當時很貴重的食品——肉和鹽。另一個女人日子卻過得非常艱難，只能靠自種的白菜、椰薯葉為生。後來她們都生了孩子。那個受冷落的女人生的孩子又胖又壯，人見人愛，而那個得寵的女人生的孩子卻又弱又瘦。前者終於有了揚眉吐氣的日子，她餵自己的孩子時便心滿意足地唱出了下面這首搖籃曲——

吃椰薯葉的孩子，又胖又壯；
吃椰薯葉的孩子，又胖又壯。
吃肉吃鹽的孩子又瘦又弱。
如果你不漂亮，
我根本不在乎，
因為你的皮膚光滑又健康，
多麼光滑，多麼健康！

這首歌曲曲從此成為西非民間廣為流傳的搖籃曲。在另一首搖籃曲中，可以看出一夫多妻制下，生身母親如何看重自己的孩子——

有人想要你作她的孩子，
但你屬於我自己。

有人要占有你，在新的墊席上撫養你。
有人希望你屬於她自己，
她會把你放在駝絨毯裡。
但是我占有你，在破舊的墊席上養著你。
有人希望占有你，
但你屬於我自己。

　　婦女們在哼唱搖籃曲時，她們有時會有節奏地搖著孩子，或在搖籃曲中插入一些旁白性的句子，以便孩子聽起來更有趣味，盡快使他們安定下來，儘管這些句子在旁人聽來，可能是無意義且愚蠢的——

讓我看看你的臉蛋兒，
讓我看看你的後腦殼兒。

鋪開，鋪開。
把你寶寶睡覺的席子鋪開，
把你寶寶的臂膀伸開。

　　通過這些綿綿細語組成的搖籃曲，每個黑人實際上從自己的襁褓時代就開始了音樂的薰陶，母親、姊姊或其他女性長輩就是他們最早的音樂啟蒙老師。黑人的能歌善舞可能與此也有關係。

追求髮型之美

　　黑人十分熱愛自己的生活，他們不但喜歡唱歌、跳舞，而且善於在簡陋的條件下儘量美化自己的生活。梳理各種髮型，讓原先不起眼的頭髮變美，就是其中一例。

　　黑人的頭髮細密、鬈曲，看似很短，梳成某種髮型不是一件容易的事。所以，黑人常常是讓其頭髮自然地蓬在頭上，略加梳理即可。姑娘們如要梳成某種髮型，經常是母親給女兒或同伴們互相梳理。她們梳出的髮型可謂千姿萬態，僅在剛果就有上百種，常見的有辮子型、束髮型、波狀型、棍軸型、花結型、瀏海型等。無論是哪一種髮型，一個主要目的就是追求美。奈及利亞北部的豪薩族婦女比較喜歡冠狀髮型——在一張植物纖維做的髮網支撐下，將頭髮向上、向後梳直。這種髮型能使婦女顯得端莊俊秀，落落大方。它能保持形狀幾個星期，甚至數月。有的婦女去集市時，就直接把錢塞在這種冠狀髮型裡，使它成為一個臨時性的錢包。奈及利亞南部的一些部落，姑娘們常把許多條細辮子從頭頂向四周披散開，猶如一朵綻開的大葵花，非常引人注目。東非中年婦女喜歡「斯瓦希里式」髮辮——將緊貼頭皮的短髮從上至下，或從下往上編成一條條辮子，有的形如田壟，有的好像火爆玉米花，顯得很有民族特色；未婚少女多喜歡對「斯瓦希里式」髮型進行修飾、美化，如在辮梢綴上五光十色的珠子，顯得光彩照人。

　　有些髮型除了具有美感，還蘊含著某些特定的意義，如某種標誌、部落的象徵、特殊的宗教含義。在尼日，如果看到小孩頭上梳著一條小辮子或兩條、三條，就知道他（她）已失去了父親、母親或雙親皆亡。幾內亞的富爾貝人不論男女，只要頭髮蓬鬆散亂，表示他（她）們正在服喪期間。有時死者的好

友也蓬頭垢面，以表示對亡者的沉痛哀悼。婦女剃光頭，說明她是一個剛剛喪夫的寡婦——東非的馬薩伊人例外。馬薩伊人的婦女習慣剃光頭，男人則留長髮、梳辮子，並用油脂、泥土或奇特的粘合物塗在上面，使辮子直挺挺地拖在腦後——再配上用獅子鬃毛做的頭飾，手拿鋒利的標槍和牛皮做的盾牌，就構成一幅典型的馬薩伊戰士的形象。髮型還能成為識別罪犯的標誌。在西非許多地方，如見到有人頭髮被剃得精光，唯獨耳朵上方留著一小撮，這表明他不是騙子、小偷，就是逃兵。這樣，髮型又起到了懲治罪犯的作用。有些部落的男男女女還以本部落崇拜的動物的某個特徵梳理自己的頭髮，漸漸地此種髮型就成了該部落的標誌。例如：幾內亞科尼亞克族男子喜歡把頭頂四周的頭髮剃光，只在頭頂上留下一部分，在頭頂當中梳一個「公雞官」式髮型。之所以如此，是因為他們崇拜公雞，認為公雞是高貴品質的化身，雄壯和健美的標誌。幾內亞的富爾貝人在頭頂上留一撮突出的額髮，形似鳥尾，據說是以此紀念曾經拯救他們祖先脫險的鳳頭神鳥。

　　有些髮型還是黑人與自然界鬥爭的結果。烏干達的迪金加人自古就有把頭髮梳成蘑菇狀的習慣，目的是遮擋強烈陽光的直射，避免中暑，並起到保護眼睛的作用。這種實用性的髮型後來流傳到非洲其他地方，並在世界範圍內流傳開來。南非祖魯族男子的頭髮被弄得彎彎曲曲，左盤右繞，猶如纓絡垂額。這種髮型也能起到遮陽散熱的作用，便於男子外出打獵、作戰。非洲黑人從實用和保健的角度出發，設計了許多別具一格的髮型，充分展現了他們的聰明才智。

　　黑人各族之所以注重對頭髮的梳妝打扮，與他們對頭髮的獨到見解有關。他們常常把生命和頭髮聯繫起來，認為頭髮裡蘊藏著人體的部分生命力，有抵抗疾病，促進幼兒健康發育的

功能。例如，在貝寧的一些農村，從嬰兒降生起，他們的親人就精心護理他們的頭髮，梳成豎立式髮辮，希望頭髮能盡快茁壯成長。在他們看來，滿頭好髮能使孩子免於疾病，也是孩子健康成長的一個表現。與此相反，當一個人因病而生命垂危時，則將頭髮剃光，為的是把生命力從頭髮裡趕到體內，使瀕臨死亡的病人康復，或延長病人彌留的時間，等待親朋好友前來與他訣別。

別具一格的文身

　　黑人在追求美的方式上，不僅通過人體的動作、髮型來表現，還注重對自己皮膚的刻劃、描繪，認為只有經過文身的身體才能算是美麗的。在許多部落，文身還有一定的社會含義，發展成一種部落標誌、迷信和美的混合象徵。文身，即在人體的某些部位，如臉、胸、背和手臂上進行刻畫，是一種通過輕度損傷皮膚而得到的美飾。在黑非洲，這主要流行於蘇丹南部、剛果、坦尚尼亞和西非等地。

　　出於美的目的進行文身的多為女子。蘇丹南部的努巴人、丁卡人和巴里人從4、5歲到成年，都要刻上各個階段之特徵的花紋。女子以面紋為主。當女孩的面龐已基本定型，便由專門的文身工匠先根據她的臉形設計出圖案草稿，經反覆推敲，才開始在臉上描繪、修飾，直至圖案令人滿意時，方循著筆跡進行刻劃，最後描上顏色，塗上藥物，使圖案定型。這樣，精雕細刻的面紋就能襯托出這個姑娘臉龐上的嫵媚動人之處。

　　在坦尚尼亞的馬孔德人看來，不文身的婦女談不上美和聰明。所以，馬孔德婦女非常重視文身，她們喜歡在身上刺出各

種花紋、生活用品或動物的圖案。文身時，先由專門的操刀手用刀在身上劃出圖案，過一段時間後再正式鯨刺，並塗上炭灰，使這種炭灰色圖案終身存在。

在西非貝寧，一個少女成長的過程，往往要刻上十二套花紋，每一套花紋的位置、形狀和寓意都不同。最初六套通常是在第一次月經來臨後刻上，一年後再刻其餘的6套。有些貝寧女子為了表現自己的勇敢，這十二套花紋一氣完成。其中通過鼻梁的「Z」字形花紋表示「吉星高照」；靠近頭髮的另一個「Z」字形花紋則表示「慧眼識邪惡」；靠近太陽穴的平行細線被認為是充滿活力之美的象徵；左額上的一個圓圈是「吻我」花紋；背上刺的瘢痕是忠誠的記號，又稱「夫妻別離回身看」花紋——當妻子送別丈夫，返身回家時，丈夫最後看到的就是這個花紋；刺在頸側的三條水平花紋是期望長壽的「百歲紋」；脊骨底部的花紋圖案由少女個人意志所定，叫「撫摸花紋」；手背上的6個水漏形花紋表示少女的手乾淨得像清水一樣；兩肩上所刻的三條平行花紋代表她能挑起家庭的重擔；乳房之間的連接花紋象徵乳汁不足；肚臍下刻的蜥蜴形花紋表示胸懷寬大；最後一套是刻在少女大腿內側的8個花紋，其圖案和含義由少女本人定奪。多哥北部的坦貝爾納族，女子結婚前要分別在腹部、兩腋、背部和臀部進行四次文身，均為幾何圖案。有些女子文身是意在告訴別人她的婚姻狀況。如西非莫奇部落，在肚臍附近刻的幾何花紋是表示她已婚，其他男人不要再對她有什麼愛的表示了。

男子文身，主要流行於蘇丹人和剛果的男子中。其中，面部的刻文通常是部落的標記。這是過去在戰場上為區分敵我而遺留下來的習慣。例如，在蘇丹，努比亞人的紋面是在左頰刻三道豎線，每道細而長；棟古拉人的紋面則是兩頰各三條豎

線，每道長而寬；夏依基亞的面部標誌是三條橫線「三」；賈阿林亞人的面部刻有「川」字形花紋。此外，還有「工」字形、「十」字形、「→」形、「Z」形等。剛果恩貢貝男子的面紋只限於部落或氏族的頭人，方法是先用刀在面部割出許多傷口，再塞入一些刺激性物品，使傷口長出許多排列整齊，能組成圖案的肉瘤。這種高超的致傷「手藝」常常令人叫絕。

黑人男女的文身有時能反映他（她）們的宗教信仰。文身的各種圖案中，有不少是動物的形象，如雄獅、羚羊、烏鴉、龜、蛇等，這些實際上是部落的圖騰，它們反映該部落圖騰崇拜的宗教觀念。例如，奈及利亞的蒂夫族人崇拜蛇，所以最流行的文身圖案是蛇形。有的文身還是迷信思想的反映。在有些地方，如果一個家庭連續夭折了幾個孩子，那麼，當又有新的孩子出世時，其父母就會為他（她）改刻本家族以外的面紋，希望以此「蒙騙」死神，逃避死神的「迫害」，讓孩子能順利長大成人。有的為了防止死去的父親因「思念」遺腹子而把他（她）帶走，其親人往往給孩子變換面紋，使其生父無法認出他（她）們。這種迷信思想起到了一種精神上的安慰作用。

現在，隨著社會的發展和文化水平的提高，傳統的文身已不再被看成是部落的標誌和美的象徵了，家長們也不願再讓他們的孩子經受這種殘酷的折磨。因而，臉帶刀痕、身刻花紋的黑人正越來越少。

石頭上留下的永恆藝術

在黑人的藝術創作中，以物為對象的雕刻占有重要地位。如果從原始的岩刻算起，撒哈拉以南的非洲雕刻至今已有上萬

年歷史，它給後人留下的藝術傑作自然也異常豐富。從作品的表現形式看，製作最多的是人物雕像，其次是動物，對自然界中其它物體的雕刻較少。各種幾何圖案多見於建築物上。這說明了黑人傳統的圖騰崇拜、祖先崇拜深深影響了黑人的創作思維。在許多黑人看來，死亡並不是一個人生命的終結，而是生命形式的轉換，並會在轉換中獲得了超自然的力量。因此，他們創作死者雕像的目的之一是給死者的亡靈製造一個棲身之所。至於所刻肖像是否與死者相似，造型是否準確，對他們來講，都不重要。所以，黑人傳統雕刻的藝術生命感很強，並具有簡練、純樸的特點。他們選用的雕刻材料也非常豐富，有石頭、木頭、獸骨、金屬及牯土等，因而出現了石刻、木刻、骨刻、金屬雕刻和泥塑等藝術形式。

石刻是非洲最古老的雕刻藝術。散布於非洲各地的岩石雕刻既是黑人史前藝術的精華，也是現代黑人繪畫藝術的源泉。繪畫通常作於紙或油布上。但在黑非洲，過去既缺少布，也無紙，黑人藝術家就以岩石為畫板，在一塊塊岩石上給後人留下永恆的藝術，刻畫出他們的生活環境、勞動場面，還有他們的哀與樂。自一七七二年，一個葡萄牙旅遊團在莫三比克發現第一幅岩畫起，現已發現的黑非洲岩壁畫遺址已多達上萬個，主要集中在南部非洲的萊索托、博茨瓦納、馬拉維、津巴布韋、納米比亞、安哥拉和南非，其中在南非共和國的瓦爾河流域、奧蘭治和德蘭士瓦發現的尤其集中。另外，在坦尚尼亞中部、肯亞、衣索比亞、中部非洲和撒哈拉地區，也發現了許多岩壁畫。這些岩壁畫無一不反映出古代黑人的藝術觀。

黑人的岩壁畫和歐洲人的洞穴岩畫不同，它主要是一種露天藝術，作品大多作於高地邊緣的岩壁上，有的刻繪在露天的岩石上面，只有少量見於曾作為住所的洞窟裡。根據畫中一些

現今已絕種的動物圖形判斷，這些岩壁畫最早製作的時間可追溯到距今一萬年前。創作岩壁畫的動機，一方面可能是慶賀某一次重大狩獵活動的成功，另一方面可能與原始宗教或巫術有關，但不是出於審美的需要。因為這些岩壁畫實際上是一種語言符號，它向後人傳遞了原始人當時與自然環境的關係，也反映了創作主的一種世界觀。在所有岩畫中，人物的面部都沒有畫出來，只有一個圓圓的頭型。難道那時人們不會畫鼻子、眼睛、嘴巴嗎？顯然不是。今天非洲一些未開化部族依然十分看重自己的臉部，或許能給人一些啟迪。如東非的馬薩依人，至今還不願讓人為他們拍照，害怕這樣會「丟失」他們的形象，使自己處於別人的控制之下──後者可能利用照片，對照片中的人施用巫術。許多岩畫具有原始宗教的某種象徵意義。如許多非洲神話中，犀牛被描繪成謀殺月亮的「劊子手」，在岩畫中就使它面向西方，作為夜晚和黑暗的精靈。有一幅岩畫，畫中一位婦女兩股交叉處有一根臍帶，它一直達到一個打獵弓手的臍眼上──「這似乎象徵著一種神奇的力量從母親（她正合掌祈禱）一直流向她處於危險境地的兒子。」[8]旺西納在《非洲藝術中》中則指出，藝術家在非洲的傳統社會中往往起著較大的作用。他們「在某些社會中被期望起到一種特殊的作用，即能像巫師那樣，在神與人之間充當媒介者，以便把神意授給人們。在這種情況下，人們也相信藝術家和超自然的存在物之間存在著一種特殊的結合，藝術家在一定程度上也占有這種超自然的能力。」[9]

按照製作手法的不同，黑人古老的岩壁畫分成刻畫與繪畫

---

[8]　聯合國教科文組織：《非洲通史》，第一卷，第五〇二頁。

[9]　Jan vansina, Art History in Africa, London, 1984, P. 139.

兩種。一般而言，刻畫早於繪畫。刻畫作於較鬆軟的砂岩上，也有的用石斧敲打尖狀石器，刻在堅硬的花崗石和石英岩上。刻紋凹槽的深度一般為1釐米，呈 V 形或 U 形。鑿刻時，先在岩面上鑿出畫作的輪廓線，然後輕輕錘敲，最後用潮濕的沙子或專門磨光的石片加以磨光、修飾。這種刻畫有時非常恰當地利用天然岩石的形狀和色彩。如在南非西德蘭士瓦地區，一頭長頸鹿被刻在一塊長方形的輝綠岩上，其形狀和顏色正好與這塊岩石相符；一頭斑驢通過交錯使用線刻和點刻法，刻在一塊輝綠石上，它的下巴正好刻在這塊岩石上稍稍突出的地方，形象栩栩如生。在德蘭士瓦的利烏方丹地區，一頭犀牛刻在一塊表面粗糙、帶有稜角脊背的岩石上，使犀牛有了立體的脊背。

繪畫往往是先在岩石上鑿出輪廓線，再塗上顏色而成。有的繪畫是單色，也有的是多種顏色混合使用。原始居民常用的顏色有紅色、褐色、白色、黑色和綠色等，它們分別取自不同的自然材料，如：紅色和褐色取自氧化鐵赭石；白色來自高嶺土、動物糞、植物汁液或氧化鋅；黑色取自木灰、焙燒的骨粉、烟墨或錳。這些顏色歷經幾千年，在壁畫上仍保持著驚人的新鮮感，其奧祕可能在於：塗繪前，先把顏料同牛奶、油汁或蛋清、蜂蜜等粘性液體調和，甚至熬成骨膠狀，製成一種原始的「蠟筆」——在坦尚尼亞一些壁畫的遺址附近已找到殘存的這種「蠟筆」——然後塗繪到岩壁上。最早的岩畫畫得很粗糙，用的是黑色，筆道也很粗，畫面中有動物、人和一些大圓點。其後，畫上的色彩才逐漸豐富起來。

黑非洲原始居民創作的岩壁畫生動地表現了當時人們的經濟生活，為後人了解和研究原始社會提供了第一手材料。南部非洲的岩壁畫，作品的題材大部分與動物有關，所畫的動物有犀牛、長頸鹿、大象、海馬、斑馬、角馬、水牛、羚羊、食蟻

獸、野豬、鴕鳥和飛禽等，每種動物的形象都相當逼真。這說明當時打獵在經濟生活中還占有很重要的地位，岩畫的作者本人就可能是獵人，否則不可能對各種動物的形態、習性和動作那麼熟悉。有一幅岩壁畫畫的是一個男子戴著一張弓，腰間還用繩子繫著一隻動物，正興沖沖地往前走；另一幅畫中，有人騎在驢背上，還有成群結隊走著的綿羊和山羊。這些壁畫都形象地說明了當時已發展到飼養和馴化動物的階段，原始的畜牲業正在形成。在東非坦尚尼亞的岩畫中，繪畫的題材多為大型動物，如長頸鹿、象、犀牛和各種食肉動物，很少有野兔、羚羊之類的小型動物。唯一的家畜是狗。這說明坦尚尼亞的岩畫作者是靠狩獵和採集植物果實為生的，不是遊牧民族。

黑非洲原始人的衣著和家庭生活也從壁畫中反映出來：早期的岩壁畫，男子的穿戴往往比女子複雜。他們穿著動物皮，頭上用羽毛裝飾，手臂上套著手鐲。婦女通常衣著很少，只在下身處圍著一些樹皮或動物的毛皮。這種情況在公元前四千年～公元一千年才倒轉過來。一些壁畫中還繪有生動的舞蹈場景。南非斯普林斯和恩科薩納河畔的岩壁畫中，舞蹈者戴著假面具，周圍有許多人拍手圍觀。在坦尚尼亞的一幅岩畫中，畫的是三位女子表演的一個場面——左邊戴羽毛者手持拍板，中間一個口發樂聲，被畫成三條線來代表，右邊一個做著跳舞的動作。三人均穿著衣服。

黑非洲岩壁畫在藝術上普遍採用了寫實手法和誇張手法相結合的手段。畫動物時，基本上採用寫實手法，造型準確，姿態生動；有時也略作誇張。人物的形象都採用誇張手法，大多把人畫得很細。有時為突出人物的某一動作，把人體細部加長或擴大。例如，坦尚尼亞「克洛型」人物都是又細又高，戴的頭飾或留的頭髮非常碩大，手上通常只有三個指頭，腳上似乎

長著很長的腳趾。在南非布須曼人《圍獵大象》的岩畫中，寫實與誇張手法並用——象位於畫的中央，顯得龐大而笨拙。四周圍的人被畫得小巧玲瓏，每一個人動作都不同，有的腿畫得特別長，有的頭和脖子又細又小。

　　黑非洲最早的岩壁畫可追溯到二‧八萬年以前，最晚的距今也有上千年的歷史了。這些留在石頭上的古老藝術品一直默默地向後人訴說著那裡曾有過的輝煌。遺憾的是，有許多物品的含義至今還不能做出令人信服的解釋，正期待著後人去正確地理解。

　　進入階級社會後，黑非洲的石刻遺址主要分布於西非、剛果河口和衣索比亞高原地區。從已發現的石刻作品看，黑人此時已不滿足於在岩石上刻畫，更多的是對某一單獨的石頭進行藝術加工，製成人物或動物的雕刻像。他們選用的石頭一般是質地較軟的皂石、石墨等。這與埃及、北非的石刻選材完全不同。在西非的塞拉里昂、幾內亞、奈及利亞等地，已發現的石刻像有數千個，它們被分別稱為諾莫里、珀姆坦和阿克宛施。造型上，一個共同的特點是頭部雕刻得很不相稱——眼睛既大又突出，寬寬的扁平鼻子和突出的頜，嘴巴也很大，說明西非的石刻藝術有許多相通之處。安哥拉北部的石刻與西非的差異就相當大，這裡的石刻一般表情莊重、嚴肅，腿呈十字形向裡彎曲，頭部比例較合理。在一尊女性石刻像上，女人的面部表情安詳自如，兩乳下垂。她的懷裡還有一個正仰著頭吃奶的嬰兒。整個作品顯示出高超的雕刻技術。除了這些石像外，石刻製還有石盒、石魚、石凳和石梳等。

木刻風格與木刻製品

以木頭為雕刻對象的木刻作品是黑人雕刻藝術的一個重要組成部分，也是分布地區最廣的一種，幾乎存在於所有黑人部落。黑人木刻有著悠久的歷史。早在史前時期，他們便用石鑽、石刀等工具製造了木刻面具。這從岩石壁畫中就可以看出。但是，由於熱帶高溫和蟲害的影響，木刻藝術品較難保存，留存至今的一般不超過兩百年。唯一的例外是在馬利的多貢部落發現的一件，距今約六百年。

黑人各族的木刻風格是共性與個性並存，從總體上看，具有感人至深的純樸、稚拙和粗獷的特點。這與歐洲藝術需要具備一定的視覺修養的美學原則有著根本上的不同。但是，彼此居住得很近的部落或某一部落的兩個村落的木刻，在藝術風格上，彼此之間也會有很大的差別。在眾多木刻作品中，既有寫實主義的，也有程式化的；既有現實主義的，也有象徵主義的作品。從整個黑非洲來看，西非的木刻充滿想像力，創作手法比較靈活；東非的木刻較單調——但坦尚尼亞的馬孔德人是例外，他們創作的烏木雕刻線條流暢，造型活潑。

常見的木刻材料是鐵木、紅木、烏木等硬質木材。雕刻的工具有斧子、鋸子、銼、刻刀和木槌等。當雕刻師選好一段木料，先用寬刻刀刻出頭部和身體的輪廓，然後用短柄斧砍去多餘的木料，再用各種刻刀進行精加工。為避免新木料因潮濕而產生裂紋，也為了使作品油滑光亮，雕刻中和完成後，都要給它塗抹油脂，有的還進行烟黑火燎。馬孔德雕刻家的工具主要是一大一小兩個鑿子，不使用刻刀。他們在木頭上不畫一條線，不做任何標記，更不參照任何實物，完全憑著他們對生活的觀察和豐富的想像力進行藝術創作。雕刻前，馬孔德雕刻師

往往首先觀看天空中變化多端的雲彩，以激發自己的創作靈感──這是馬孔德人特有的創作方法

　　黑人傳統的木刻藝術品大致可分為如下三類──

　　（一）是人物雕像，包括祖先、酋長和國王的肖像等。祖先和酋長的雕像最常見。祖先的雕像有男有女，有時還並列出現。這與傳統宗教有關，因為有的部落崇拜男性祖先，有的恰好相反。奈及利亞的約魯巴人有一尊與崇拜雷神和生育神香戈有關的女性木刻像，她的面部表情安詳自如，兩乳下垂，曲膝而立，正抱著嬰兒餵奶。這雕像雖然頭部很小，頸部拉大，但是，由於有一隻寬大的雙頭斧形頭飾，使整件作品顯得協調而平衡。剛果河流域的庫巴王國從十七世紀起形成了給每屆國王雕像的傳統，現保存下來的有十九座國王雕像，每座雕像的表現手法都有所差別，著意刻畫每位國王在位時統治的特徵。如第一〇九位國王卡塔‧穆比拉（一八〇〇～一八一〇年在位）的雕像，頭戴一頂盛滿貝殼的帽子作為他尊貴的象徵，面部神態肅穆威嚴，左手持一把短刀，右手還專門刻了一面小鼓，因為他以善於擊鼓而聞名。整件雕像產生一種權力、尊嚴與力量的感覺。

　　（二）是日用器具和建築雕刻，包括雕花門窗、祭壇和生活用具的雕飾等。在奈及利亞約魯巴地區，酋長和寺廟的門板常刻有各種抽象化的人物，四周還有幾何圖案的花邊。埃基蒂地區伊克勒酋長國的宮門則是一件能反映歷史的雕刻。它約雕於一九一五年，木板從上到下的第二欄中坐著的兩個人分別是酋長國的國王奧戈加和英國駐該地的首任行政長官。門前地上，還有一個木質的占卜器和一只圓圓的、雕刻過的木缽。在喀麥隆巴米萊克地區，規定只有酋長的大門才能雕刻──門的兩側刻有真人似的雕像，充當守護木刻器皿和雕刻的家具更

多。剛果河流域的庫巴人非常擅於在各種木杯或木碗上雕刻。與建築物的雕刻不同，杯邊雕刻的一般是幾何圖案，幾乎各種圖形都有，但人物圖案很少見。家具中，雕刻最多的是凳子。黑人比較注重凳子的造型，它能反映出一個人的地位——迦納的阿散蒂人尤為看重。這個種族在近代為保護滿足的象徵——金凳子，曾多次掀起武裝抗英運動。當時，國王坐的凳子不但精心雕刻，還用金片包飾，故稱「金凳子」。母后坐的凳子，形狀上雖與國王的相似，但用銀片鑲嵌。

（三）是各種面具。木刻面具主要流行於西非、中非和南部非洲。這將在下節中詳述。

各類雕刻品大多與宗教、巫術和黑人的神祕觀念有關，往往用於宗教活動和祭祀儀式。如把祖先的神像供奉在神龕裡，供後代祭祀、朝拜。這些木刻品實質上並不是一種觀賞品，不是出於審美的動機而創作，而是被看成聖物一類的東西，具有神聖性、高貴性和神祕性。因此，黑人雕刻師力求通過作品，給人以啟示，也就導致了有的作品非常逼真，有的卻十分怪誕、醜陋，出現了紛繁複雜的黑人傳統木刻製品。

面具不是面孔的簡單再現

面具是遮掩佩戴者真實的面龐和改變人之外貌的東西。在黑非洲，它既體現了佩戴者的宗教信仰和生活習俗，寄托了佩戴者的思想觀念，也是黑人藝術創造的一個反映。黑非洲的面具製作有著悠久的歷史。撒哈拉沙漠中的塔西里岩畫證明了史前時期就有了面具。在黑人的傳統文化中，無論其藝術，還是宗教儀式，面具都占有顯著的地位。

黑人面具表現的對象很豐富。表現動物的有獅、豹、猿、狼、羚羊、貓頭鷹、鸛、鴕鳥、鱷魚、蛇等；表現人物的有祭司、鼓手、鐵匠、老人等。此外，還有非人非獸面具、抽象面具和怪誕面具等類型。黑人面具不能孤立地欣賞，必須把它和它的佩戴者看成是一個整體，而且應該把這個整體放到令人目眩的舞蹈場面或神祕的宗教儀式中去理解，與黑人的生活連在一起。

　　黑人面具從材料上劃分，包括樹葉面具、藤條面具、木質面具、獸骨面具、青銅面具、金質面具等；表現形式上有面部面具、頭盔式面具、薄片面具和頂部有雕像的面具等類型。因為面具有時包括附加部分，如用草編條、布條、植物纖維、獸毛、貝殼等裝扮成頭髮、鬍鬚、帽子或其它頂飾，因此，一件精美的面具往往是由不同的材料和不同的表現形式組成的複合體。樹葉和藤條面具主要用樹皮、草莖和寬葉纖維編織而成。在中部和南部非洲的一些部落裡，面具架子用藤條製成，上面鋪蓋經過處理的染色樹皮。這種面具又寬又大又輕柔，可以把舞蹈者全身遮住，一般用於割禮儀式上的雜技舞蹈。

　　木質面具流行最廣，其製作的繁簡差別也很大。巴特凱人製作木質面具時，只是在木板上塗一些色彩，構成人面形象，就成為一件具有抽象性的的平面面具。大部分木刻面具有凹凸起伏的面，顯得充盈飽滿，具有立體感。巴克維萊人的面具就是一個代表。這個族的面具引進了較多的雕刻手法──面具中心刻出花紋，顯露出人面圖形。外形有時取桃形，面具上部伸出兩隻獸角，沿著桃形人面彎曲至面具下部，很像面具的外環。獸骨面具（主要指象牙面具）、青銅面具、金質面具因受材料來源的限制，流行的地區主要在西非。它們的外表特徵與木質面具相似。頭盔式面具用整塊木頭雕成，取人或獸的頭

形，可以把戴面具者的頭部完全遮蓋起來。

面具的廣泛使用與黑人傳統的宗教信仰、社會習俗、倫理道德和社會規範有關，因而它常在宗教祭祀、節日慶典、葬禮等重大活動中佩戴，被認為具有多種保護作用和社會功能。黑人認為，如果人死後，他的生靈脫離軀體，自由遊蕩，會對生者製造麻煩，擾亂社會秩序。面具可以捕獲和控制生靈，並引導它們服務於活著的人。在各種儀式的舞蹈場合，面具可以保護舞蹈者免受別人舞弄的刀、矛等器具的傷害，形成最直接的保護。同時，面具還被認為是防止遭對手報復或巫師迫害的有效手段。

在某些部落社會，去討債和徵稅的人會佩戴一種特殊的能象徵某種權威的面具，掩蓋自己的真實面孔，以防別人的嫉恨和報復。

面具還被看成是祖先靈魂的化身，可以再現死者的容貌。在一些部落的成人儀式上，當少年人已經受了種種考驗，快要結束成人儀式時，最後一道程序就是在他們面前展示祖先的面具，表示祖先的神靈又在他們身上「復活」了。

此外，各個祕密會社都有自己特定的面具，這些面具既是該會社的標誌，又被用作向會社成員施加影響的工具。每當會社聚會時，成員都戴上它。奈及利亞的約魯巴人還專門為鐵神和戰神設計了面具，供祭祀時使用。現代面具的娛樂功能在一些部落中也存在。如約魯巴族的「阿格別吉喬」（「強使木偶跳舞」之意）面具既用於葬禮、婚禮和祭神活動，也可用於在鼓聲伴奏下的娛樂性跳舞和滑稽可笑的場合，起到一種純粹娛樂的功能。這一點可謂與面具的世界意義相「接軌」。

伊費、貝寧的精湛銅雕

銅雕藝術在黑人各族中不如石刻、木刻那樣普及，只在西非、南部非洲的一些民族或部落中存在。但是，奈及利亞伊費和貝寧的銅雕作品，其精湛程度卻令世人吃驚。

伊費、貝寧的銅雕屬於一種宮廷藝術，均以表現王家題材為主，如國王及貴族的頭像、王室浮雕及武士的頭像等。這種創作風格與其王權政治有關。

伊費國約於十一世紀由班圖人的一支約魯巴人建立。在約魯巴人的傳說中，其開國君主是奧杜瓦瓦——「最初，大地被水淹沒，至高無上的神奧洛倫用一根鏈子把他的兒子奧杜瓦瓦從天上放了下來，讓他隨身帶著一撮土、一隻小公雞和一枚棕櫚果。奧杜瓦瓦把那撮土撒在水面上，那隻小公鸚用爪子一扒，它就變成了土地，棕櫚樹就在這塊土地上生長起來。」

奧杜瓦瓦有15個兒子，除留下幼子在身邊，其餘的各被派往外地建立新國，形成一系列以伊費為中心的約魯巴城邦國家。伊費國王被稱為「奧尼」，各城邦均需向他進貢。十三～十八世紀，伊費王國的宮廷藝術家創作了許多精美的青銅雕像（頭部和軀幹）。現存的20餘件雕像，有些青銅頭像和真人的頭大小差不多，神態自然，栩栩如生。其中一尊名為《奧尼頭像》的作品用青銅鑄成，是十五世紀伊費盛世的傑作。這件頭像的面容、刺花和飾滿串珠的王冠都雕刻得極其細緻，面龐的輪廓、耳朵的造型及眼睛、嘴唇的線條優美協調，整個輪廓生動清晰，反映了當時的雕刻師已善於理解人物的精神世界，並設法使自己的作品具有生動性、形象性和較強的藝術表現力。另一件著名的《奧尼雕像》為黃銅鑄造，高近50釐米。其面部表情莊重肅穆，表現出一種神威；兩眼突出，鼻子較小，兩唇

微張；頭戴一頂圓形王冠，頸部掛有三串長度不等的飾珠，分別拖至胸部、腹部和腿部；兩臂抬起，身上穿有王袍，但腳赤裸，腳踝上掛有多層飾珠。整件作品給人一種尊貴、威嚴和不可侵犯的感覺。

貝寧位於奈及利亞西南部的森林地帶，在伊費東南約二四〇公里的地方。貝寧城始建於九世紀，早於伊費，但在十二世紀時接受了伊費的領導，並迎請了奧杜瓦瓦的幼子擔任新王。貝寧由此與伊費建立了密切的關係，並在一四〇〇年左右，從伊費傳來了青銅鑄雕技術。相傳是貝寧國王奧戈拉（統治時間在十四～十五世紀之交）要求伊費國王派一名精通鑄造的師傅向貝寧的宮廷工匠傳授銅雕技術。伊費國王於是派遣了一位名叫伊格阿的工匠前往貝寧指導。直到現在，伊格阿仍受到貝寧地區銅匠們的敬仰。

但是，貝寧的銅雕不是伊費銅雕的簡單翻版，而是以後者的藝術為基礎，得到很大的發展，呈現出寫實與理想相結合的藝術風格，很快成為整個非洲大陸在銅雕方面最有造詣的國家。貝寧於十五世紀中葉達到鼎盛期。此時，一位來訪的荷蘭商人指出：「王宮中有高大的房屋和許多漂亮的長方形遊廊，其規模和阿姆斯特丹交易所相差無幾。它們由高大的柱子支撐，柱身從上到下，鑲了銅料，並繪有軍事場面的畫……屋頂均有作為裝飾的小塔，其中置放銅雕鳥雀，它們張開雙翼，做得極為精緻。」

貝寧雕像的普遍表現形式是：雕像頭戴編織成的王冠，兩側有帽沿，帽沿下端刻有瓣形花飾，接著是裝飾性串珠。

創作於十六世紀初的《母后頭像》是貝寧早期銅雕的傑作之一，它高約40釐米，是國王奧巴埃西吉為紀念他已故的母親而作。這尊頭像製作得非常逼真、自然，各部分比例協調。從

一雙不大的眼睛和微閉的嘴唇看，她是一個慈善的母親，同時有豐富的精神世界。她頭上戴的尖頂狀網飾也雕刻得頗細緻。在另一幅《獵手像》中，刻畫的是一個肩扛羚羊，正坐著小憩的獵手，左手拿著一張無箭的弓，可知羚羊是被他用箭射死的，腳邊還立著一條獵狗。這是一件用誇張手法襯托獵手剛毅、果敢的雕刻作品，獵手體長腿短，羚羊的腿卻出奇地瘦長，頭部各器官雕刻得也不成比例。

伊費、貝寧的工匠在製作銅雕時，已掌握了「失蠟法」工藝。他們先用陶土製成模壈，再在模埂上澆上一層熔化的蠟；待蠟液冷卻凝固，然後在蠟模上進行藝術加工，用刀刻出細節；接著塗上陶泥，同時在下部留一小孔。陶泥乾燥硬化後，把它放入罐中加熱；蠟受熱溶化，便從小孔中流出，再往孔中注入青銅液；待青銅液冷卻，敲去外面的陶土，一個青銅鑄件便製成了；之後在此基礎上再進行精加工，這樣便成了一件精美的藝術品。

除了人和動物的雕像，還有許多青銅浮雕和板雕用於裝飾王宮大廳與遊廊。這類作品反映的題材很廣，有達官貴人、軍事將領狩獵和戰鬥的情景，也有的是描述帝王和貴族的豐功偉績。作品的刻痕起伏明顯，並隨形象的複雜而加強。在伊費，浮雕的背景通常是利用薔薇花圖案配置而成，前景上有不相稱的人物群像，他們有的是正面，有的是側面，也有的相對而立，體現了人物表現多樣化的特點。這些人物上有國王，下有奴隸，他們的社會地位在作品中也能反映出來。比如國王的形象高大且處於浮雕、板雕中央，軍事首領也比其部屬和僕人高大得多。還可以工具、服飾區分出每個人的社會等級。比如國王身著華麗，頸項上有當時視為聖物的珊瑚項鍊。有的浮雕和板雕上還刻有葡萄牙商人及雇傭兵的形象，表現了他們在十

五～十七世紀期間入侵貝寧，抓捕黑奴和屠殺貝寧人的情景，成為早期殖民者為「惡」的歷史見證。

銅雕之外，以金屬為材料的雕刻藝術品還有黃金和鐵。在以盛產黃金著稱的迦納，阿散蒂人用黃金製作的藝術品很多，包括珍貴的黃金面具和各種黃金飾品。阿散蒂人的黃金飾品主要是項鍊和圓形金牌，能佩戴這些黃金飾品的都是王室成員和貴族、祭司，金飾品成為顯示一個人社會地位的標誌之一。鐵製藝術品在高溫潮濕的氣候環境裡，容易生誘、腐爛，所以，在黑非洲發現的不多，現存的主要是班巴臘人和多貢人的傑作。它們的鐵製藝術品形象俊秀、細長，好像隨時會消失在空間；又像一顆發芽的種子，亭亭玉立，但人物形象豐滿。

泥土造就的赤陶藝術

以泥土為原料造就的赤陶藝術，在黑非洲也源遠流長。從公元前十世紀的諾克文化到中世紀的薩奧文化、伊費文化等，都發現了大量赤陶作品，如赤陶雕、頭像、器皿等。但它所含蓋的地理範圍有限，集中在西非和中非。

二十世紀三〇年代，人們在奈及利亞諾克村開採錫礦時，從8米深的岩層裡發現了年代久遠的赤陶頭像。此後，通過英國考古學家伯納德・法格的系統發掘，又發現了大量赤陶器皿、人和動物雕像、石製工具等。它們製作的年代大約在公元前九〇〇～公元二〇〇年之間。由於它們是在諾克村及其周圍地區發現的，所以被定名為一諾克文化」。這是西非鐵器時代早期最具代表性的黑人文明，所發現的赤陶雕刻是迄今在黑非洲已發現的最古老的藝術雕刻，具有極高的藝術價值和收藏價

值。

　　從諾克赤陶雕像的藝術造型上看，製作者運用了豐富多彩的藝術表現手法。人物雕像不求真實的比例，而是進行藝術誇張，使人體的比例從上往下，逐漸縮小，給人一種怪誕的感覺——頭部約占整個身體的三分之一，突起的前額又占了半個臉部；鼻子短小、

　　扁平，下頷輪廓模糊，唇部微微突起；眼睛呈三角形，眼珠深陷，顯得目光深邃、銳利。諾克藝術品在形象處理方面也非常多樣化。這些處理方法包括現實主義、公式主義和抽象主義，其中以抽象主義表現最多。比如，人物頭像有的呈球形，有的呈圓柱體或圓錐體，甚至螺旋體的頭也有。當然，諾克頭像也有共同的表現特徵，那就是：眼睛的瞳孔都被鑽了深深的小洞，上眼皮比較平，且和下眼皮構成了等腰三角形；眉毛好像是加在臉上的兩條線繩；鼻孔和耳朵各捲成小圓洞；嘴唇很厚，且一般都呈張開狀。有的雕像刻著一些裝飾品，如手鐲、腳鐲、腹帶、帽子等。赤陶頭像上的各種線條大多用某種尖東西刻出來，而不是一開始就塑成。在一尊名為《卡加拉男人頭像》的作品中，其造型和線條的表現力兼具現代木刻和石刻的技巧。

　　赤陶是通過焙燒粘土而製成，與在低溫下燒成的陶器不同。製作赤陶需要一定的專業技能，包括對土壤性能的掌握。諾克人製作的赤陶能保存兩千多年至今，說明當時已達到相當高的生產技術。

　　無獨有偶，二十世紀三〇年代中期在西非查德湖地區又發現了以赤陶雕像為代表的「薩奧文化」。在出土的眾多文物中，有人和動物的小塑像及數以千計的陶器碎片，這些物品存在的時間為公元前四二五年～公元一七〇〇年之間。薩奧出土

的赤陶雕像在製作風格上與諾克的完全不同，人頭像上，前額幾乎沒有，嘴、眼等下面的部位則被不相稱地擴大。製作者還運用了人物動物化和動物擬人化的表現手法，有些同時具有人物和動物的雙重特徵。在塔戈發現的一尊《祖先人像》頗為典型地反映了薩奧泥塑的基本特徵。這件作品用仔細篩選的粘土製作，塑像表面經過細緻加工——嘴唇很厚且極度向前突出，長而直的鼻子與嘴和下額處於同一個平面，咖啡豆形狀的眼睛沒有眼眶，前額幾乎沒有；肩寬臂短，與頭相比，肩和身體寬得不成比例；兩隻手很小且向前突出；頸部和前胸均飾有編織形圖案和蛇形浮雕圖案，大概具有某種象徵意義。整件作品，面部沒有體現出能反映人物之個性特徵的任何跡象，好像是在單純地羅列人物的特點。

泥塑藝術也是伊費文化的內容之一。伊費赤陶頭像的一個顯著特點是：它的作品大多數是以寫實手法創造出來。這種造型準確、精雕細刻的自然主義作品與諾克的抽象主義作品形成了鮮明的對比。

伊費赤陶人頭像一般是部落首領或統治者的頭像。製作的尺寸和性格的刻畫上具有多樣性。人物頭像的尺寸從8釐米到幾乎與真人頭一樣大小。許多作品反映出製作者不僅善於表現人物的各種精神狀態，而且能出色地表露人物的性格。較有代表性的伊費赤陶作品是《篡權者拉如瓦頭像》。這尊頭像如真人大小，比例恰當，表情充滿自信，頭戴一頂穆斯林小圓帽。這種用寫實手法創作出來的作品極其完美地表達出人物的精神面貌。人頭像之外，伊費的泥塑作品還有動物頭像，如公羊頭像等。

除了上述幾個地點有大量赤陶集中出土外，在西非和中非還發現了一些零散的赤陶文物。迦納的阿散蒂人、多哥的埃維

人、喀麥隆的巴里人、奈及利亞的伊格博人等民族和部落都有泥塑的傳統。巴里人在十九世紀曾以製作飾有優美人像的赤陶管而著名。

赤陶頭像的製作普遍帶有宗教意義，是黑人祖先崇拜、圖騰崇拜的直接反映。有的頭像就是為了祭祀儀式時拿出來使用。在馬利傑內曾發現一件十二、十三世紀的赤陶作品，名為《祭祀頭像》，是專供祭祀祖先用的。在奈及利亞伊格博發現的《赤陶三人像》則是薯蕷節時拿出來供人祭拜的偶像。這尊陶像製作複雜，三人的形態各不相同，右面一位的膝下還雕了一個小孩，因此，它實際上是四人雕像。赤陶塑像同時也反映了黑人從古至今的生活和社會狀況，為後人研究黑人傳統文化提供了逼真的素材。

精美的象牙雕刻

非洲盛產優質象牙，象牙又是雕刻的上乘材料，所以從遙遠的古代起，黑人中的能工巧匠就在象牙上精雕細鏤，留下了許多傳世之作。但是，因受材料來源的限制，此類雕刻不如其他材料的雕刻那麼常見，流行的地區也不廣，主要在西非和中非地區，其中以奈及利亞貝寧的象牙雕刻藝術知名度最高。貝寧的象牙雕刻從十五世紀一直延續到二十世紀。在貝寧強盛之時，王國內有一個專門從事象牙雕刻的家族，他們為國王和貴族刻製出大批象牙藝術品，包括面具、裝飾品、盒子、碗、勺和王宮貴族的人物形象等。象牙面具是佩戴在胸前或腰間的，比木製或銅製的面具小。有些象牙面具不僅以雕刻精緻著稱，而且以面具上幽憂卻充滿智慧的目光引人入勝。

十六世紀初製作的《象牙裝飾面具》反映了貝寧鼎盛時期的藝術水準。它高 19 釐米，人物的面部表情憂鬱，眼神十分深邃，鼻子呈扁平狀，嘴巴微閉。額頭上有兩道豎線刻痕，代表的可能是面部文身。比較奇特的是其頭上還雕刻著 10 個葡萄牙人小頭像，戴著相同的帽子，非常整齊地排列成一個弧形，組成冕狀頭飾；10 個人的鬍鬚又恰好構成了作品主人公的頭髮。頸部雕刻著由幾何圖案組成的類似圍巾的東西，可能是當時貝寧貴族的一種裝飾。這種面具作品是為貝寧國王製作的，在舉行宗教儀式時使用。

　　十七世紀時，貝寧象牙雕刻的自然主義傾向表現得更強烈。在一件象牙臂飾上，雕刻師著重刻畫了葡萄牙人的冷酷表情：一絡一絡垂直的長髮環繞著面龐，頭戴一頂華麗的圓帽子；青銅雕刻中傳統使用的鐵釘子恰到好處地表現出眼睛。

　　十八世紀，貝寧象牙雕刻得到了進一步的發展，雕刻的人物、動物和植物圖案的風格發生了變化，更加追求美觀。此時的傑作是《象牙雙豹》，由 5 根象牙分段雕刻後拼接而成，豹的身軀鏤刻了許多分布均勻的圓斑點，既體現出豹的真實形象，又很富有韻律性，構成了優美的裝飾圖案；眼睛有神，有眼珠、眼眶，刻得非常逼真；4 顆巨大的獠牙和上下兩排小牙均露在外面，顯示出一副齜牙咧嘴的凶樣。此外，上唇還刻了 6 道鬍鬚，下頜和四肢的造型渾厚有力。整件作品看上去形象真實。在另一件象牙垂飾上，國王奧巴站在正中央，腳下踩著一個人頭像，兩邊各有一個侍從攙扶著，在他們腳下是半人半獸的東西。

　　有的象牙雕刻並非獨立存在，而是裝飾在銅雕、木雕藝術品上，組成一件複合式藝術品。比如在一尊紀念祖先的銅雕像上，鑲嵌著一件整根象牙雕刻。這根有2米長的象牙表面是淺

浮雕，上面可以清楚地識別出貝寧統治者奧巴、他的臣僚、葡萄人和祭祀的動物等形象。

　　當時的象牙藝術品除了滿足地方統治者祭祀和裝飾的需要，有的還專為歐洲人而定製。葡萄牙人於十五世紀在貝寧訂購的第一批貨物就是象牙胡椒瓶、鹽罐和盤子。十六世紀，貝寧王國和塞拉里昂的工匠又分別為葡萄牙人雕刻了象牙碗、象牙勺等日用器皿。它們一個個都可謂精雕細作，是黑人傳統雕刻的傑作。在一件名為《豐罐》的十六～十七世紀貝寧象牙雕刻中，圓形底座上刻了三個長著大鬍子的葡萄牙人形象，均著中世紀的男式短裙。其中，正面一人頭戴王冠，胸前用串珠繫著一具十字架，左手按著一柄短劍，右手拿著一把長矛，身披戰袍，下身穿著緊身衣——這可能是根據商人的描述所雕刻的葡萄牙國王的形象；其左右是兩個武士的側身像，頭戴圓頂武士帽，手握寶劍。在三人頭頂之上是一個球形罐子——從左右四個把柄上可以看出，其上半部的蓋子與下半部的罐體呈對半開。球體之上還刻了一個錨。因此，整件作品由三部分構成，作品的主體——鹽罐被巧妙地刻在中間，使它的觀賞價值遠遠超過了使用價值。對錨、鹽罐和葡萄牙君臣的刻畫，可以看出當時貝寧的工匠對葡萄牙人的體格特徵和衣著打扮觀察得極其細緻，他們的刀法極其細膩。

　　中部非洲的巴魯巴人也擅長象牙雕刻。在他們的作品中，沒有粗糙怪誕的形式和使人幽憂的內容，作品不僅以造型優美、生動取勝，而且以形式嚴謹、協調見長。在流傳下來的《象牙頸枕》中，刻畫的是一個少女頭頂一根木棍的形象，作品高約18釐米，雕工細緻，從頭至腳，各部分的雕刻栩栩如生。除了她的腿顯得較短外，身體其餘部分的比例安排合理；一雙大眼睛在負重的情況下正微閉著，鼻子寬大扁平，嘴唇厚

而外翻，赤裸的身體暴露出一對不太豐滿的乳房下垂著。這件作品的最大特點是人像與實用物品的結合恰到好處，頭頂上圓圓粗粗的「木棍」正好供人枕頭。據說它是一個公主使用的，公主睡覺時枕著它，可以保護複雜的頭飾。

與其他材料的雕刻相比，牙雕的工作更困難，在刀法和對材料表面的處置上，要求雕刻師具有更高超的技巧。貝寧等地的象牙雕刻是黑人雕刻技藝和藝術創造力的高度體現。遺憾的是，這種精湛的雕刻技藝在近代黑奴貿易的衝擊下逐漸趨於衰落。十八世紀中期以後，貝寧的牙雕與其他雕刻一樣，風格呆滯沉悶，構思貧乏。

一八九七年，殖民者武裝入侵奈及利亞時炮轟貝寧城，王宮被炮彈擊中起火，大量藝術品遭焚毀，倖存的藝術品被隨後攻入城內的殖民軍劫掠一空。事後統計，英國殖民者在這次劫掠中搶走了二四〇〇多件包括牙雕在內的藝術品。這場西非的「圓明園事件」是黑人民族藝術史上的浩劫，也是世界藝術史上的一場災難，黑人雕刻藝術的輝煌時代就此告一段落。

Chapter 6
以口為主的文明傳播

在現代文明社會裡，人們從事交往、聯繫和進行教育、文學、藝術及宗教信仰的傳播時，靠的是文字及其相關的信息處理；文字是傳播文化遺產的工具。但在黑非洲傳統社會裡，絕大部分民族或部落都是處在長期無文字的環境中。可是，先人創造的文化要一代代傳下去，先人所表現出的智慧要讓子孫後代知道，怎麼辦呢？

這些民族或部落通過長期實踐，漸漸摸索出一套以口傳為主的非文字傳承方式，如語言、指意實物、音樂舞蹈、宗教儀式等，使文明的傳播方式在這裡表現出多種多樣的特點。

這樣，文字在黑非洲文化傳播中的作用就被降到微不足道的次要地位，只在個別地區的一些民族中有它的存在。黑人文化傳播的事實說明了這樣一個道理──撰述是一件事，知識是另一件事。撰述是知識的真實記載，但並非知識本身。

以口代筆，傳授先人智慧

在黑非洲眾多的傳播媒介中，起作用最廣、使用最普遍的是口頭傳說。黑人的傳統社會，文化的流傳很大程度上仰賴於人們的記憶。因為沒有文字，人的記憶功能在這些民族中得到充分發揮。那些受過專門訓練的文化傳播人「格里奧」幾乎都能按時間發生的先後，講述幾百年，甚至上千年來本部落發生的事。他們的頭腦就像一個信息儲存器一樣。即使是一個普通黑人也能向外人或自己的後代滔滔不絕地講述其家族的歷史，以及所屬部落的演變情況。記憶的輸出窗口就是人的嘴巴，即「口頭傳說」。

「口頭傳說」是黑人生活的一所大學校，所講的內容並不限於人們常見的故事和傳奇，更不限於講歷史故事和神話，它包括並影響人們生活的各個方面。如民族的歷史變遷、倫理道德、祖先遺訓，乃至工藝技術等，都可以通過口傳，一代代流傳下去。在這裡，語言不僅是人們日常交流的工具，也是保留祖先智慧和民族文化的基本手段。

在眾多的口頭傳說中，大多是以神為主角，帶有十分濃厚的宗教色彩；其次是對部落酋長、國王，以及對勝利、勞動、愛情的歌頌和對侵略者的詛咒等等。有的故事非常貼近生活，又富有哲理，告訴人們要尊敬父母和長者，與人相處要以誠相待，反對背信棄義等——它在保存和發揚民族優秀文化方面所起的作用與文字記載相類似。

從內容上講，對那些不知內幕的外來者來說，它可能是一片混亂，因為口頭傳說的內容並沒有分門別類，各方面的事都有，有時精神方面和物質方面的內容也混在一起，給人撲朔迷離的感覺。只有到了現代，語言學家和歷史學家通過對黑人口

頭傳說的整理，才將它們分成神話、宗教信仰、歷史傳說、史詩、諺語、抒情詩、生活技藝和娛樂等門類。時至今日，口頭傳說仍在一些傳統社會占有相當重要的位置。

這種口頭文化不只是在群眾當中流傳，而且有專人從事保存和傳授口傳素材。這種人的稱呼因地而異。在古代桑海帝國的宮廷中，口述史官被稱作「巴—蓋賽萊」；在達荷美王國，口述史官被稱作「阿博蘇—海」；在民間則直接被稱為歌手，或吟唱詩人。但現在更多的是被稱為「格里奧」。

「格里奧」（Griot）本來是指古代西非馬利王國、沃洛夫王國和卡約爾王國的口述史官，被收錄為法語詞彙後，泛指「屬特殊等級的西非黑人。格里奧常被王公選作顧問。他們既是詩人、樂師、歌手，又是巫師。」❶後來，該詞也被收進英語、德語等類文獻，專指黑人中通曉口傳文化的一個特殊階層。「格里奧」一般通曉樂理，擅長演奏樂器、吟誦和吟唱，有著超人的記憶力。

從格里奧的社會功用上看，它可分成「宮廷格里奧」和「民間格里奧」兩種。前者的社會地位較高，除有時兼任宮廷中的顧問、傳話官等職外，還主持或參與祭祀、國王就職等重大活動；後者或依附於部落首領及貴族，或雲遊四方，在婚嫁喜事、成人儀式、豐收喜慶和節慶日為大家彈奏演唱，講述故事，增添喜慶氣氛。有時，男女老少勞動之餘，也會圍坐在大樹下，聽格里奧講述各種神話、傳說和祖先的榮耀與痛苦。

每當新國王或部落首領上任，舉行傳統的宗教儀式，慶祝重大的節日時，人們總能見到格里奧的身影，有時他們還是主持人。講述前，為顯示鄭重，常要舉行某種儀式，如奠酒祭祀

---

❶　《羅貝爾標準法語詞典》，一九六九年。

等，讓人們恭敬肅立，洗耳恭聽。在這些重大場合，他們講述有關本族或國王家史等重要題材時，回憶首領先輩的高貴血統和豐功偉績是其主要內容，目的是激勵新統治者的勇敢精神，或年輕人對家族的榮譽感。對於黑人，家族榮譽有著巨大的力量。即使現在，也常常採用講述家族榮譽的方法，對人表示歡迎或表彰。

格里奧的職位是世襲的，通常是子承父職。有時也帶學徒。由於沒有現存的書本作為依據，完全靠背誦記憶，所以，格里奧的候選人必須具備博聞強記、伶牙俐齒的本領。民族的歷史、城鎮的盛衰、部落的族譜家系、各種神話傳說和幽默故事等都必須牢記心中，代代相傳。但在講述傳奇故事和上一輩所發生的事時，格里奧有較大的自由度。在西非班巴拉人中，格里奧由兩部分人組成：一是「多馬（博學的人）」，講授創世神話、祖先業績，以及製鐵、紡織、狩獵、捕魚和家族世系等方面的知識。這些內容要「真實可信」，與上一輩格里奧講述的必須相同；正如當地一首儀式詩所唱的：「言語像神一樣精確，人必須像他一樣精確非凡。偽造言辭的語言，將體內血液毒染。」如果多馬講述時有差錯或遺漏，他的證人就會插嘴說：「喂！請注意你的言詞！」這時，多馬總是回答：「請原諒！我熱情的舌頭騙了我！」另一種是「迪埃利」。他們是雲遊詩人、傳說故事的講述人和民間演唱者，被允許「有兩隻舌頭」，所講述的故事可以部分曲解和杜撰，不一定完全真實。❷那些多才多藝的格里奧往往能給老故事賦予新的生命和活力。他們有時模仿各種人物的語言、動作和性格特徵，有時又會繪聲繪色地描述當時的場景，把聽眾帶入奇幻而神妙的過

---

❷ 聯合國教科文組織：《非洲通史》，第一卷，第一二六、一二九頁。

去時光中。

正因為有格里奧的存在，黑人各族的歷歷往事才得以保存下來，使後人能站在前人的肩膀上，利用前人的智慧，向前發展。他們的歷史功績，正如《松迪亞塔》的口述者所講：「我們是存放語言的口袋，在這個口袋裡藏著千年萬載歷史的祕密……如果沒有我們，國王的名字就會被忘記。我們就是人類的記憶；我們用生動的語言，使後人知曉國王的豐功偉績。」❸塞內加爾前總統、著名的思想家桑戈爾在自己的詩集中留下了這樣精闢的見解——

　　不需要紙，
　　格里奧的歌聲就是有聲的紙張，
　　他的舌頭就是赤金鑄成的筆。

豐富的神話世界

在黑人口頭傳說中，神話是其重要內容。富有想像力的黑人各族創造了豐富多樣的神話——有講述宇宙如何產生的創世神話，有解釋天體和自然現象的自然神話，有講述人類起源和民族起源的人類神話，有描述祖先創業歷程和輝煌業績的英雄神話，等等。儘管黑人神話的內容與其他人種的神話一樣，大多是「言而無信」，但它是人類幼年時期對自然界和人類社會的獨特理解和感受的一種，是人類幼年時代文化的結晶之一。

---

❸　D・T・尼亞奈整理：《松迪亞塔》，上海譯文出版社，一九八二年，第一頁。

在黑人各族神話裡，基本上都有個至高神，它無生無死，無所不在，也無所不知。是它創造了世上的一切，包括人類。大多數神話都傾向於認為，至高神在創世之後製造了人，並且往往是夫妻雙雙出現在世上。造人的方法一般認為是用粘土捏的。西非多岡人的神話講到：至高神阿瑪（Amma）最初像製陶藝人那樣製造了太陽和月亮。造日月如圓鍋，並燒至白熱化程度，然後在太陽四周打了一道紅色銅繼，在月亮四周打了一道白色銅筵。星辰是阿瑪拋入太空的泥丸；大地則是阿瑪拋下的另一團泥土伸展而成。阿瑪與大地交合而生諸精靈和人類。在西非巴烏勒人的起源神話裡，人類社會的演變實際上得到了初步的反映——從母系氏族社會逐漸過渡到父系氏族社會；從採集狩獵逐漸過渡到畜牧和農耕階段——

混沌初開，只有諸神的母親一個人。人們只知道她住在天上，生了神尼阿米和他的弟弟安安加馬。尼阿米為自己和弟弟各造了一個妻子。他自己的妻子叫阿西，他弟媳的名字卻沒有人知道。那時，人、動物和精靈也都是神在天上創造的，他們長期在那裡生活和繁衍。神和他的妻子也生育了很多子女。終於，天上住不下了。於是神創造了地。起初地只是一團泥糊，後來才分成了水和地面……阿西下到大地的時候，為大地帶去了樹。以後，安安加馬做了一根很結實的長鏈子，鏈子的一端有兩個可供人們跳腳用的圓環。他讓所有的動物都跟著這條鏈子下到地面，先是一個男人，後是一個女人。安安加馬為下到地上的每個人都安排了一個地方，又把所有的動物送給每個人，每種動物送一對。動物下來時也跟人一樣，先是公的，後是母的。第一批生活在西非的巴烏勒人就是在那個時候這樣來

到地上的。❹

　　至高神創造了萬物和人以後，最初還和人生活在一起，並讓人類過著豐衣足食的生活。有一天，人類冒犯了至高神，他才生氣地離開了。神話中出現的許多冒犯至高神的行為或某一物品，就成了黑人各族中禁忌的一大來源。

　　至於生活中存在的種種自然現象，各種神話也做了擬人化的解釋。比如為什麼會下雨？南部非洲的巴伊拉人說，那是至高神的淚水，因為他現在已經老了，就像普通的老人那樣愛流淚。為什麼會有黑暗的夜晚？西非的瓦伊人做出的解釋是：創世之初，夜晚並不黑暗，人能夠看清東西。一天，至高神要蝙蝠送一個裡面裝著「黑暗」的盒子給月亮，並說他隨後就到，那時再告訴月亮，送「黑暗」給她是幹什麼。可是，蝙蝠在路上因為吃東西而耽誤了時間，其它動物偷看了盒子裡的東西，「黑暗」當即從裡面跑出來，直到太陽出來時，它才嚇得躲起來。從此，每到夜晚，蝙蝠總是滿天亂飛，就是想把「黑暗」重新收攏，送給月亮，以完成至高神交代的使命。在奈及利亞埃菲克—伊比比奧人中流傳的《太陽、月亮和水》的神話則點出了太陽、月亮和星星的由來——

　　　　一百萬年或更早的年代，當唯一的生命出現在大海，第一個人必須在大地上行走，鳥類在上空衝刺飛翔的時候，太陽和月亮已作為夫妻，一塊充生活了。後來，太陽不顧月亮的勸告，執意邀請水來家作客，導致大水沖垮了

---

❹　希梅爾黑貝爾：《西非神話故事》，人民文學出版社，一九五九年，第 3 ～ 8 頁。

他們居住的屋子，他們才被迫到天上建立家庭，生養他們的孩子星星。因為月亮想念大地，就經常抱怨太陽，雙方關係漸漸惡化。一天，月亮乘太陽睡覺之機，帶著她所有的孩子遷到很遠很遠的另外一個地方。太陽獨自生活了幾天後，便感到孤獨寂寞，於是動身尋找他的月亮妻和星星兒。白天，他用全力發出最明耀的光芒照亮天空，以便看見他們；到了晚上，他就變得精疲力竭，落到了西方。此時，月亮總是帶著她的孩子們從隱蔽的地方出來，在天空舞蹈，熠熠發光。每天就這樣周而復始。

雷和閃電能發出強光、巨響，具有不可思議的超人力量，因而也有許多關於它們的神話。在剛果河流域的一些部落神話中，雷鳴電閃被認為是至高神在天上發怒。剛果人還稱閃電是一隻魔狗，因為它有粗毛捲尾，「汪」地一聲下來，又「汪」地一聲上去。奈及利亞的伊比比奧人把雷和閃電看成是母子倆：雷是一隻年老的綿羊，閃電是它的兒子，一隻漂亮英俊的公羊。在安哥拉神話《蘇迪上—姆班比》中，雷被稱作「蘇迪卡—姆班比」，是太陽和月亮的外孫。雷和雷聲是同胞兄弟；當雷在東邊出現，它的弟弟就在西邊回應。這種對天體和自然現象的解釋，無疑是黑人「萬物有靈論」的基本表現，反映了黑人各族試圖用宗教的方式求知求解各種因果關係，在幻想中征服自然和祈求神靈保佑的心理。

黑人膚色的由來

在黑人的各種神話中，有許多用於解釋自然和社會現象，

對自己膚色的解釋便是其中之一。撒哈拉以南的非洲人種，其基本特徵是皮膚呈黑色。無論蘇丹人或班圖人，都是如此。這人人皆知。可為什麼會如此？現代科學研究表明，這主要是因為幾十萬年如一日，皮膚承受強烈的陽光照射，使黑人皮膚中含有比其他人種更多的黑色素；同時也是一種適應自然的結果，因為黑色素有強烈吸收紫外線的能力，能起到皮膚裡面的結構免遭紫外線傷害的作用。可是，這個科學性的道理不僅連許多現代人不知道，在落後生產方式下生活的黑人更無從知曉。他們對此問題，從神話的角度做出了自己的回答。

在南部非洲的奧佛哈羅人中間流傳著這樣一個十分有趣的傳說——

　　很古很古的時代，大地上沒有鳥獸、蟲魚、牲畜，也沒有人類，只有山丘、湖海、五顏六色的花采、千姿百態的竹木。

　　在這平靜又美麗的世界，生長著一棵奇特的大樹。它的樹葉就如華蓋，亭亭幢幢，聳入雲霄。大樹的主幹呈黑褐色，表皮疙疙瘩瘩，腰圍不知有多大，遠遠望去，簡直像一座巍巍高山。這探大樹有一個好聽的名字。「依杰賽爾」。

　　一天早晨，依杰賽爾的根部不知被誰挖開了一個大洞。當第一抹晨曦映照到洞口時，洞內出現了喧嘩聲。喧嘩聲中，一批頭腦靈敏、皮膚白皙的兩足動物飛快奔了出來。這就是人類。因為他們最先出洞，就成了這個大地的主宰。接踵而出的是獅、虎、象、牛、馬等等大型動物；接著是貓、兔、鼠等等小動物；再接著是鳥雀、爬蟲、飛蛾……於是，整個世界一下子充滿了活力。

「伙伴們，我感到餓了！你們怎麼樣？」第一個出洞的人帶著伙伴環顧了一番陌生的世界後，大聲說。他的語音未落，立即響起了一片嚷嚷聲：「我也餓了！」「我也餓了！」「我也想吃點東西了！」……

「好，好！我們來宰殺一頭牛，填填飢腸。」

人們挑選了一頭體壯膘肥的大牛，只一石斧，就把它的頭砍了下來。緊接著，

七手八胸地剝下皮，剖開肚。這時，不知誰說了句：「聽說牛的肝最好吃，我們先嘗嘗肝，怎麼樣？」

「好呀！」

一塊碩大的黑紅色牛肝馬上被領頭的掏了出來，牛肝上還掛著殷紅的鮮血。管它的！大家你一口、我一口，互相傳遞著，大口嚼吃起來，邊吃邊嚷著：「好吃，好吃！」這一吃不打緊，人們白皙的皮膚立刻變成了黑紅色。大家彼此你望望我，我望望你，相對愕然。後悔已經晚了，就連他們的後裔，也一代代成了黑人。❺

這則神話故事透視出奧佛哈羅人並不認為自己皮膚黑是天生低人一等的標誌，反而認為自己是各個膚色人種裡最早出現的一個。這也印證了許多考古學家和人類學家的說法。同時，這個傳說也與他們的社會習俗相一致——雖然他們畜養了許多牛，卻不殺牛和吃牛肉，養牛的目的就是為了喝其奶。不知是這個傳說形成在先，還是他們的傳統習俗形成在先。如是前者，他們現在的習俗就帶有某種「補過」的意味了。

---

❺　高明強編寫：《創世的神話和傳說》，上海三聯書店，一九八八年，第一六六～一六七頁。

生活在東北非白尼羅河流域的希盧克人對自己的膚色之所以黑，有另一種解釋，說是創世者用黑泥造人的結果——

　　　　創世者喬奧克從泥土中捏成所有的人……當他從事創世的工作時，在世上到處徘徊。在白人的土地上，他找到一種純白色的土或沙，用它造了白人。然後他到了埃及的土地，用尼羅河的泥造了紅色或棕色的人。最後，他到了希盧克人的土地，在那裡找到黑色的泥土，就用它造了黑人……

　　剛果河流域的多岡人認為自己是造物主用炭精捏出來的，並在這個創世神話中清楚地交待了黑人男女行割禮這種習俗的由來——

　　　　造物主來到初生的大地，看到陽光明媚，原野……碩果纍纍，禽獸在樹林中追逐、歌舞，十分高興。然而，造物主也不無遺憾。可不是，這美麗的大地沒有像神祇一樣能主宰世界的動物，怎能說不是缺憾？！他走到馬利之地，瞥見一堆烏黑油亮的炭精，心有所動，用炭精和著泥水，按自己的模樣，捏了一男一女兩個黑人。

　　　　這兩個黑人外表上看起來同神祇一個模樣，就是沒有靈魂。他們只知吃喝，不知陰晴風雨、花草竹木和鳥獸蟲魚，也不知勞動、打扮。造物主把黑人叫到跟前，拿出一面神鏡，在兩人身邊各照了兩個疊印。「這就是你們的靈魂……」沒等造物主說完，兩個黑人便像餓了幾天的貓看到鮮魚一樣，猛地撲了上去。於是，這靈塊就鑽進黑人的身軀。從此，兩個黑人變得像神一樣聰明，他們對周圍的

事物知道得清清楚楚，還能打獵、捉魚、採蜜，鑽木取火烤食，還能用鮮花和骨石裝飾自己的身體。造物主看到自己的傑作如此聰明能幹，自然非常欣慰。

時間一年年過去了，鳥獸蟲魚世代繁衍，已經十分興旺，而這黑人還是單單的兩個人一對。這是怎麼回事？造物主再一次來到大地，見到他們，劈頭就問：「你們怎麼沒有孩子呀？」

「嘻嘻……」

「你們是不是在一起生活？」

「嘻嘻……」

兩個黑人只是抿著嘴一股勁地笑，不說什麼。

造物主十分惱火，厲聲吼道：「再不回答，我把你們兩個扔到河裡！」

兩個黑人嚇壞了，只好向造物主吐露真情：原來這對男女黑人的靈魂攪混了；男人的身軀裡附著陰性重魂，女人的身軀裡則鑽進了陽性靈塊，雙方都變成了陰陽合體，當然談不上繁衍子孫後代了。原來如此！造物主聽後大吃一驚，低頭沉思片刻，想出了補救辦法。他對男的點了點頭，說：「來，我的孩子，跟我來！」

男人默默地跟著造物主進了密林深處，依命令躺在一塊大石上。造物主彎腰，拾起一塊銳利的石英石，三兩下把那男人的包皮割下一大段，然後摘了幾片樹葉，在掌中揉了揉，朝傷口處抹了抹，血馬上被止住了。

「好了！」造物主抬起頭，自信地對男人說。

接著，造物主又把女人叫到密林處，為她做了切除下半身的手術。

於是，人類的第一對始祖有了男人和女人的不同性

格，他和她懂得了性愛，也有了生兒育女的能力。直到萬世千古的今日，在非洲大陸的某些地區還保存著給成年男女行割禮的風俗。❻

以上三則不同的部落流行的有關黑人由來的不同傳說，儘管細節彼此不一，但都與創世者或造物主有關，認為他們之所以「黑」，是創世者或造物主造人的時候，有意給他們的祖先安排了黑顏色，或直接用某種黑色物體捏造了他們的祖先。

類似的神話傳說在許多其他黑人部落裡也存在。這些神話傳說大多產生於近代歐洲殖民者統治時期，通過把他們的起源與造物主聯繫在一起，並曾受到造物主的寵愛，作為對抗殖民者當時宣揚的「白人種族優越論」的種族歧視思想，樹立民族自尊心的一種手段。

故事中的智慧主題

現在來看看，另一個在西非豪薩人中，流傳著這樣一則人智勝妖精的口述故事——

年輕人吉勞遠行前，友人送他一隻貓，說這隻貓能幫他化解災禍。一天傍晚，吉勞走到一個村子。為了不讓別人搶走貓，他脫下上衣，將貓包住，然後向村子裡走去。吉勞追了村，見到這裡的人打扮異常，房屋的外表與別處

---

❻ 高明強編寫：《創世的神話和傳說》，第一七一～一七二頁。原文較長，在此略作刪改。

不同，立即提高警覺。原來這裡是妖精居住的地方。妖精心狠手辣，傷害了無數過路人。此時，一個年輕漂亮的女子出現在吉勞面前，亭亭玉立，含情脈脈。女子邀請吉勞進屋坐定。她見吉勞長相英俊，想在吃掉他之前耍弄他一番。於是，女子一聳肩膀，立即變成一頭大象；接著又聳聳肩膀，化為一隻老虎；隨後又變成一隻狗、一頭水牛、一隻羚羊、一隻鴕鳥等。等它恢復人狀，吉勞笑道：「你剛才變的都是些體態較大的動物。你能不能變一些小動物給我看看，如老鼠之類的？」

女妖輕蔑地一笑：「我連大象都會變，變老鼠哪值一提？」說罷搖身變成一隻玲瓏的舉灰色老鼠。吉勞迅速打開上衣，放出貓來。

貓一見老鼠，迅速衝上前，一口咬住老鼠的脖子。老鼠掙扎了幾下便咽氣了。接著，貓慢慢地把老鼠吃了下去。吉勞將妖精的金銀財寶裝進口袋，牽來妖精養的四匹高頭大馬，轉身跨上，趕著馬群，背負著錢財，哼著小曲上路了。❼

這是黑人口頭傳說中一則典型的智慧故事。由於黑非洲的生存條件比較惡劣，人們在日常生活中經常會遇到各種艱難與困苦，包括各種自然災害和猛獸的襲擊，因此，在黑人的口頭傳說中，有許多是講故事的主人公如何依靠自己的智慧戰勝困難的。這實際上也是在向後人傳授先人的生產和生活的經驗，教育後人要不畏艱險，運用自己的智慧去面對一切。在一些智

---

❼ 哈吉‧阿布巴卡‧伊芒：《非洲夜談》，上冊，世界知識出版社，一九八五年，第一七一～一七四頁。

慧主題的故事裡，為了襯托主人公的聰明才智，經常安排一些凶猛的怪物與主人公作對，如變化多端的女妖、獨眼獨臂的怪人、長有七顆腦袋的毒蛇等等。上述故事就是其中一例。

西非民間還流傳著一則「農夫智鬥魔鬼」的故事——

　　一個農夫正在耕地，看見一個鬼冒了出來。鬼問農夫：「你在這兒幹什麼？」「我在耕地，雨季到後好播種。」農夫答道。鬼稱：「這地是我的，不是你的，你有什麼權利耕它？」農夫說：「請原諒！我不能不耕地。要不然，我靠什麼過活？」鬼說：「當然！我可以原諒你。不過，有個條件：平分收成。我們將來把收成分作兩堆，長在地上的為一堆，長在地下的又是一堆。因為我是鬼，你是農夫，所以，我要什麼得由我先挑。這一熟莊稼，我挑的是將來長在地下的那一堆，你只能拿將來長在地上的那一堆。」農夫只好答應。但是他想，不能讓蠻橫的鬼佔便宜。他種了薩尼奧，一種莖稈像高粱，穀穗像蠟燭的糧食作物。

　　收獲的時節到了，鬼帶著一群小鬼也來了。農夫把薩尼奧割下來，脫了粒，揚了揚，一部分放進倉庫，一部分拿到市場上去賣。那些鬼挺辛苦地拔出留在地下的根，也拿到市場去賣。但是，薩尼奧的根毫無用處，誰也不會出錢買它，所以連最愚蠢的傻瓜也不拿它出去賣。市場上的人看見鬼在賣那東西，沒有不嘲笑他的。鬼上當了，生氣地把農夫叫來，說道：「你欺騙了我，我要報復！下一熟莊稼你只能拿長在地下的那一部分，我拿長在地上的那一部分。」

　　這一次，聰明的農夫種的是白薯。收獲的時節到了，

鬼帶著一群小鬼把地上的莖葉收割得乾乾淨淨。這倒使農夫省了許多手腳，很方便地刨刨土就把白薯挖了出來。兩個一同到市場上叫賣。農夫很快就把白薯賣完了。那個鬼呢？把白薯的莖葉捧得高高地叫賣，惹得大家哈哈大笑，連一片葉子也沒脫手。他又恨又羞又喪氣，說：「這農夫太狡猾了，我實在鬥不過他。」

　　最後，這個鬼在人們的譏笑聲中消失了，從此再也沒有露面了。❽

　　在一則父子的對話中，故事的本身昭示出智慧的魅力，而且，故事的構思、設計乃至表述的方式，都洋溢著表述者創作的智慧——

　　　　一天，父親叫兒子去熟肉鋪買個羊頭。兒子買好羊頭回家。在路上，他把羊頭上的肉全吃了，只剩下一個空頭殼帶回家。

　　　　父親一見便發了火：「你這是買的什麼？」

　　　　「一顆羊頭呀！」

　　　　「它的眼睛呢？」

　　　　「這隻羊是個瞎子。」

　　　　「它的舌頭呢？」

　　　　「這隻羊是個啞巴。」

　　　　「它的耳朵呢？」

　　　　「這隻羊是個聾子。」

❽　楊永等譯：《黃金的土地》，少年兒童出版社，一九八二年，第80～81頁。對原文略作整理。

「它頭上怎麼連皮也沒有？」

「這隻羊是個禿子。」❾

　　這則故事內容不長，但言簡意賅，非常幽默。饞嘴的兒子通過偷換概念的「技巧」，巧妙地回答了父親的步步追問，自己也躲過了一頓打罵。當然，故事的講述人不是想藉此故事教導孩子如何去偷吃又可免遭懲罰，而是要孩子們學會運用自己的思辨能力。剛果民間流傳的胖女人減肥的故事，同樣是在幽默中閃爍著醫生的睿智——

　　　　從前有個女人非常胖，胖得連路也很難走。她去看醫生，要求給一點減肥藥。醫生叫她坐下，了解病情。女病人說，她不斷發胖，擔心有一天身體會崩裂了，哀求地說：「醫生，我請求您給我開最好的藥！」醫生對她說：「你付好錢，明天來！」於是，女病人付了錢就走了。
　　　　第二天，胖女人又來了。醫生把她從頭到胸檢查了一下，看了看口腔，摸了摸手腳，說：「尊敬的太太，我讀過二一七八三本書，觀察了一八〇〇萬顆星，所以我可以肯定，你過七天就會死，藥對你沒什麼用。你回家去，安靜地等待死亡吧！」
　　　　胖女人聽了醫生的話，嚇得全身發抖。回到家，她無時無刻不想著關於自己即將死亡的事，計算自己還能活多久。於是，她什麼也不吃、不喝，而且整夜不睡，人就一小時又一小時地瘦下去。

---

❾　董天畸編譯：《非洲童話》，上海文藝出版社，一九八七年，第一五一頁。

七天過去了，女人躺下來，等待死亡，但死亡根本不來找她。過了第八天，第九天到了，女人還是沒有死。女人終於忍不住了，她決定去找醫生。現在她跑起來輕鬆了，因為她狠狠地瘦了一大圈。

　　「你是個卑鄙的醫生！」女人叫道：「你為什麼拿我的錢？你說我過一個星期會死掉，今天是第十天了，我卻還活著！你是個騙子！」

　　醫生心平氣和地聽完了女人的話，問：「告訴我，你現在是胖還是瘦？」

　　女人回答：「我瘦得厲害！我是嚇得瘦了！」

　　這時，聰明的醫生告訴她：「就是這種話。對你來說，這是最好的藥！你還說我是個最壞的醫生哩！」

　　已變瘦的胖女人這才明白是怎麼回事。她笑了起來，和醫生友好地分手了。

　　類似的智慧故事舉不勝舉，幾乎在每個民族的口頭文學中都存在。在黑人看來，智慧到處存在，但不是每個人都擁有。獲得智慧的關鍵在於你是否「用心」。

　　對此，西非民間蜘蛛阿南西的故事做了詮釋——

　　蜘蛛阿南西認為自己是世界上最聰明的生物，它會造橋、築堤、鋪路、織布、打獵……但它不肯把自己的本領教給大家。有一天，阿南西準備把世界上的智慧收集起來，藏在遠處，只給它一個用。於是，它到處走，一點點地收集，然後都放在一只陶罐裡。陶罐裝滿了，阿南西想把陶罐藏在一棵大樹的樹頂上，使得沒有一個人能找到。它手抱陶罐，往上爬。

阿南西的兒子很想知道父親在幹什麼，所以它躲在灌木叢裡，偷偷地看。它見父親把陶罐抱在懷裡，怎麼也不能爬上樹，就忍不住對他說：「父親，可以幫你出個主意嗎？」

　　阿南西聽了，大怒，叫道：「你竟敢跟蹤我？」

　　兒子說：「我是想幫你忙。」

　　「這不是你的事！」

　　兒子回答：「父親，你說得不對。我看到你抱著陶罐爬樹很吃力！我想，你要是把陶罐掛在頭頂上，或者背著，就能輕鬆地爬上去了。」

　　阿南西想了想，就照兒子說的做了，果然很容易就爬上了樹。然後它停了下來，看了看兒子。這時它感到很尷尬：自己拿一罐智慧，卻不知道怎麼爬樹。阿南西大怒，氣得把智慧罐往地上用力一扔，打碎了，裡面的全部智慧飛向四面八方。如果用心搜集，任何人都仍舊能夠找到一點的。

　　這個故事使人想起了阿沙吉人的話：智慧到處有，但不是每個人都有！❿

　　從以上有關智慧主題的民間口頭傳說，不難看出黑人對「智慧」的理解。

---

❿　王維正等編譯：《世界民間故事選》第三卷，福建人民出版社，一九八三年，第一四四～一四五頁。作者根據《黃金的土地》「烏龜和全世界的智慧」一文，略作改動。

「解決問題的快馬是諺語」

在黑人的口傳文化中，許多真、善、美的道理除了用傳說或故事的形式進行表述，人們還大量使用簡明扼要的諺語。

現實生活中，黑人各族都十分注重諺語的應用，口頭文學和日常生活裡經常聽到各種諺語，甚至還出現關於諺語的諺語。東非查加族有這樣一條諺語：「查加人有四寶：土地、水、牛和諺語。」將諺語同土地、水、牛這三種當地必需的生產、生活資料看成同等重要。西非的約巴魯人則稱：「諺語是解決問題的快馬。」「當真理迷失時，諺語會幫你找到。」由於諺語使用得非常廣泛，黑非洲究竟有多少條諺語，誰也說不清，也無法進行統計。有的西方學者估計，大約有一百萬條以上。在東非小國布隆迪，有記錄的諺語就有三千多條。非洲學者莫莫赫稱：「我懷疑，今天或歷史上的某一時刻，在其他地方是否存在像非洲人民那樣醉心於諺語的民族。可能只有中國是例外。」⑪諺語的大量存在，說明黑人具有很高的語言天賦，善於用簡潔的語言表達一個複雜的意思。

黑人各族流傳的諺語一般產生於人們的生產和生活實踐中，如——

「自己的半截斧子也比借來的強。」（豪薩族）
「捕魚要到河裡，逮兔要到荒野。」（豪薩族）
「想把母牛趕進牛棚，只要捉住小牛就行了。」（馬林凱族）

---

⑪ K·S·莫莫赫：〈非洲哲學是否存在？〉，載《第歐根尼》（中文版），總第 2 期。

「老獵人不會落入陷阱。」（南部非洲）
「再聰明的人也無法舔自己的後背。」（南部非洲）
「渡河之前，不要招惹鱷魚。」（埃維族）

　　這些諺語是黑人各族生產和生活經驗的高度總結，高度濃縮的生活真諦，它們一經生成，往往就不僅具有本義，還產生了引申義或隱喻，使同一條諺語具有了多種解釋，可以說明不同的道理。如豪薩人講的「自己的半截斧子也比借來的強。」其本義是說：自己用慣的生產工具儘管已經舊了，但使用起來得心應手。其引申義是：不要輕易向別人求助，儘量靠自己的力量。因為各族生存的環境和生活方式不盡相同，就出現了對同一事會用不同的諺語表達，使黑人諺語帶有濃厚的民族和地方特色。如表述類似中國諺語「山中無老虎，猴子稱霸王」的意思時，黑人中有——

「沒有牛的地方，羊就自大起來。」（巴烏勒族）
「頭若不在了，膝蓋也許會把帽子帶上去。」（巴烏勒族）
「只有半個月亮時，星星就亮起來了。」（豪薩族）

　　外人要理解這些諺語，有時還需要知曉講諺語者的文化背景，否則對諺語的含義會很難理解。如南部非洲達馬人中有這樣三條諺語——

「你應該為有一杯甜奶而知足。」
「醜陋的外殼裡有甜美的東西。」
「醜陋可能流出甜汁。」

這三則諺語都與達馬人生存的環境——納米比亞戈壁上一種叫多林布姆的樹有關。此樹外觀不雅，樹幹多瘤且扭曲，但其堅硬的樹皮之後有一層含糖量很高的內皮，達馬人就把它當作糖塊使用，放在牛奶中。因此，這三則諺語是告訴人們要知足長樂，看事物不能僅僅觀其外表，還要看到其內在的實質。

還有許多諺語直接取自民間故事的題目或故事中的主題句。如「沒有女人的家就像沒有柴的爐子。」（布隆迪）「聰明過分，等於愚蠢。」（西非）「謊話比標槍還危險。」（西非）「過分的玩笑能夠破壞友誼。」（西非）「把石頭往上扔，它會落到你頭上。」（東非）……這些諺語和故事本身起到了互相對襯的作用。

諺語一般都經歷過反覆加工、錘煉，包含了黑人的哲理和機智。它在形式上是黑人口傳文化中的「精品」，內容上則是黑人各族生產和生活智慧的高度結晶，既凝聚了大眾的智慧，又溶入智者的思考，在黑人傳統社會中有著多重的作用。

因為許多諺語是人們生產和生活經驗的總結，通過膾炙人口的諺語，又能反過來將這些經驗代代相傳下去。如——

「今天是明天的哥哥，大霧是雨的哥哥。」（約魯巴族）
「繩子總是在最不結實的地方斷掉。」（幾內亞）
「雨季的奴隸，旱季能變富翁。」（豪薩族）
「不能從孕牛身上擠奶。」（祖魯人）
「一個好主意只是成功的一半。」（衣索比亞）

同時，諺語還具有很重要的社會教育功能。它可以激發年

輕人努力學習，奮發向上。例如，「任何財富都用得完，只有知識例外。」這是豪薩族長輩經常對孩子們講的一句諺語，希望他們勤奮好學，掌握知識、本領，不能指靠長輩們留下的財富。聰加人常講的「財富是露水」，反映的也是同樣的道理。坦尚尼亞人說：「在哪爾跌倒就在哪兒站起來。」「跌倒總是往前，不是往後。」豪薩人說：「黑夜再長，天總歸要亮的。」所闡述的都是遇到挫折不要氣餒的道理。在黑人的傳統社會，諺語能起到棄惡揚善、維護社會公德和社會安定的作用。如東非流傳這樣一句諺語；「偷人一隻羊，終會付出一頭牛的代價。」告誡人們不要做壞事，否則會遭到加倍的報應。剛果人說：「人老智慧至。」迦納流傳：「老人的勸誡是菜裡的鹽」這些諺語都是要人們尊老敬老。

此外，類似的諺語還有──

　　「醉於酒的人會清醒，醉於財的人永遠不會清醒。」（莫三比克）

　　「謊言不能使人致富。」（巴蘇陀族）

　　「賊為贓物所害。」（衣索比亞）

　　「落入羅網的野獸，越掙扎越無益。」（尼揚賈族）

　　「保存你的尊嚴比保存你的財產重要。」（豪薩族）

　　「一個人拉不動一條船。」（斯瓦希里人）

　　「樹離開枝椏不能活；酋長是樹，屬民是枝椏。」（納米比亞）

口述歷史的傑作——《松迪亞塔》

　　口述歷史是黑人口傳文化中的另一項重要內容；它追求真與美的統一，在真實地講述各族歷史的同時，潛心追求美的語言和美的表現形式，是一種典型的歷史紀實文學。從內容上看，它可分為部落史、家族史和王國史三大類。部落史講述的是部落的起源、分裂、遷徙、征戰，以及與其他部落建立關係的歷史。現代的史學家可以根據這類口述歷史，追溯出重要部落的發展軌跡。家族史主要講述家族的來龍去脈，特別是家族歷史上傑出人物的豐功偉績。王國史的基本內容是王國統治家族的世系史，兼及一些將帥臣僚的重要活動。這些歷史的講述者既有宮廷格里奧，也有民間格里奧。他們善於把枯燥的歷史講得栩栩如生，並且隨著樂器的伴奏吟唱出來，令人興趣盎然，不愧擁有語言大師的稱號。正因如此，有的黑人口述史家認為，口述歷史比書面歷史文獻有更大的優越性：「別的民族用文字記下過去的歷史。可是，有了這種方法以後，記憶就不再存在，他們對往事失去了知覺，因為文字缺乏人的聲音之魅力……先知是不用文字的，他們的語言卻更為生動！」[12]

　　某些口述歷史集部落史、家族史和王國史於一體；為了突出主人公的形象，講述者還常使用神話或傳奇進行渲染。這種歷史作品同時也是一篇很好的文學作品。以馬利帝國開創者松迪亞塔為題材的口傳史詩《松迪亞塔》可謂是其中的一部傑作。

　　馬利王國最早約在十世紀出現於尼日上游的卡臘尼河地區，由馬林凱人的凱塔氏族建立，是迦納王國的屬國。十一世

---

[12]　尼亞奈：《松迪亞塔》，第 68 頁。

紀中葉，乘迦納衰落之機，脫離了對它的臣服，但在一二二四年又被蘇蘇國占領。後來，流亡在麥馬國的馬利王子松迪亞塔得到該國國王的支持，聯合馬林凱人的其他一些部落，於一二三〇年興兵，經過四年的激戰，最終把蘇蘇國的軍隊趕了出去，再次恢復獨立。松迪亞塔沒有就此收兵，他隨後率兵攻入蘇蘇國境內，在基里納擊斃蘇蘇國的國王蘇曼古魯，占領了蘇蘇國的全部領土，並進而將迦納王國、麥馬王國、桑卡拉王國等納入自己的版圖。終於，一個強大、以尼亞尼為首都的馬利帝國在西非出現了。由於松迪亞塔的這番豐功偉績，有關他的各種傳說自此在西非廣為流傳。一九六〇年，幾內亞史學家吉‧塔‧尼亞奈根據格里奧馬莫杜‧庫雅泰[13]的口傳，整理出版了法文版史詩《松迪亞塔》。

　　這部史詩共十八章，譯成中文近八萬字。其篇幅雖不長，但語言優美，敘述生動，在大量運用神話和傳奇的基礎上，描繪了松迪亞塔的身世和英雄業績。史詩首先交待了松迪亞塔不凡的身世，說他是獅子和水牛精靈相結合的後代。相傳有一天，其父馬汗國王正和格里奧、大臣及其長子丹卡朗等人坐在一棵大木棉樹下議事，忽然從遠處來了一位獵人兼巫師打扮的人。他向國王獻上一隻鹿腿，又從口袋中掏出12個發光的貝殼，為國王占卜。他告訴國王──

　　　　「啊，大王！世間充滿了神祕，一切都是隱蔽的；一般人知道的，只不過是肉眼看得見的事物。木錦樹是從一粒微小的種子長出的，有的能在暴風雨中屹立無畏，萌芽時卻比一粒米還輕。世上的王國就同樹木一樣，有的會變

---

[13]　其祖輩是馬利帝國宮廷中世襲的格里奧。

成木棉樹，有的永遠是侏儒，要靠高大的木綿遮蔽它們。唉！誰能看出一個小孩會變成未來的大王呢？！偉大原來出自渺小，真理和謊言向同一個乳房哺育……」

他接著預言，將有一位醜女為他生下王位的真正繼承人，並使馬利王國更加強大。時隔不久，來自鄰國的兩位少年獵手果真給馬汗帶來一位其貌不揚的姑娘：「雖然她遮住了面孔，卻不能遮掩那使得肩背畸形的駝背。她長得很醜，卻很健壯，可以看到她的雙臂肌肉豐滿，突起的乳房將那件裹在腋下的筒裙繃得緊緊的。」姑娘名叫科松隆。馬汗看她長得這副模樣，心裡頓時涼了下來。但在格里奧勸說下，只好與她完婚。

新婚之夜，馬汗想盡丈夫的責任，卻無法接近她，反而被嚇得毛骨悚然，因為她是一頭凶悍水牛的化身，皮膚會迅即長出長長的毛。連續一周都是如此，向巫師求教也沒用。一天深夜，馬汗想用自己身上的獅子精靈制伏科松隆的精靈。他先用沙土作法，然後突然從牆上取下大刀，「用鋼鐵般的手，一下抓住了科松隆的頭髮」，表示要殺掉她祭祖。科松隆被嚇得昏了過去，牛怪的精靈也就不再附在她身上。馬汗成功了，終於使科松隆懷了孕。十個月後，生下了松迪亞塔。

史詩的第二個懸念在松迪亞塔的成長上。據說他從小非常貪吃，卻長得很慢，三歲時還不會說話、走路。到了七歲，他的父王駕崩，他仍然只能在地上爬。因此，王位便由其同父異母哥哥丹卡朗繼任。科松隆母子自此被打入冷宮，住在一間堆破爛的屋子裡，以太后的殘羹剩飯度日。一天，科松隆向太后討幾片巴歐巴樹的葉子作調料，受到後者的奚落。科松隆回到家後，遷怒於不爭氣的兒子，用一條大木棍打他。松迪亞塔知道了事情的原委，發誓要為母親雪恥。他命鐵匠打造了一根六

個人才抬得動的鐵棍，當眾將它舉起，並從此站了起來。然後，他將城外粗大的巴歐巴樹連根拔起，讓他的母親和其他家庭主婦隨意摘取樹葉。

不鳴則已，一鳴驚人，松迪亞塔從此像雄獅一樣威猛有力。但是，其兄和太后對他們更加恨之入骨，時時想加害他們。為了躲避迫害，科松隆只好帶著松迪亞塔暫時流落他鄉。後來，麥馬國國王收留了他們，並重用松迪亞塔，培養他做自己的繼承人。在松迪亞塔十八歲時，傳來了馬利王國被蘇蘇國征服的消息。日夜思念故鄉的松迪亞塔便謝絕了麥馬國王的好意，帶著追隨者返回故土，開始了復國和振興馬利的過程。

在描述松迪亞塔同蘇蘇國軍隊作戰時，史詩再次運用了誇張手法——

> 松迪亞塔向蘇・巴拉和他的那些鐵匠軍猛衝過去，速度勝似閃電，去勢猶如靂霹，那猛勁連迸發的山洪也望塵莫及……松迪亞塔若是往右砍一刀，鐵匠們就成十成百地倒下；若是向左一轉，人頭就像熟了的果子一般，從大樹上紛紛落下。

經過數場惡戰，松迪亞塔終於打敗敵軍，並征服了蘇蘇國和其他小酋長國。一個強大的馬利帝國自此在西非崛起。

弘揚正義，鞭撻醜惡，是這部史詩的一條重要主線。史詩中，蘇蘇國的國王蘇曼古魯是惡的象徵。他陰險狡詐、暴虐無道，到處屠殺生靈。這從史詩對蘇曼古魯置放膜拜物的祕室的描寫可見一斑——

> 牆壁上掛滿了人皮。房間中央也放著一張人皮，那是

供國王坐的。另外有九個人頭，中間放著一把水壺。貝拉
❹‧一開門，壺裡的水就蕩漾起來，只見一條毒蛇探出了
腦袋。精通巫術的貝拉口念符咒，室內的一切方才平靜下
來。他繼續觀察：床的上方，一根木棍上棲息著三隻彷彿
在打瞌睡的貓頭鷹；對面牆上掛的是各種離奇古怪的武
器，有彎彎的大刀、三面開。的刺刀，等等。他細看那些
人頭，方才認出那是被蘇曼古魯殺掉的九個國王。

史詩對松迪亞塔安邦治國帶來的繁榮景象也做了描寫——

　　重獲和平以後，因為松迪亞塔給大家帶來了幸福，村
莊也都繁榮起來了。只見小米、大米、棉花、蓼藍、木
薯……大片莊稼環繞著村莊。只要幹活，說一定有飯吃。
每年總有長長的商隊，帶著錢糧前往尼亞尼。你可以從一
村走到另一村，不必提防盜賊。假如有人犯了盜竊罪，要
砍去右手；如果再犯，就把他關進監牢。新的村落、新的
城鎮在馬利紛紛出現。尼亞尼成了世界的中心。❺

　　拋開史詩中的神話和迷信內容，人們可以了解十三世紀上
半葉馬利的歷史，以及馬利乃至西非的風土人情。因此，《松
迪亞塔》成為當代史學家編寫這段時期馬利歷史的主要依據。
史學家經過仔細篩選取捨，已將史詩的主要內容寫入一些權威
性的歷史著作。如聯合國教科文組織編寫的多卷本《非洲通
史》和英國學者編寫的《劍橋非洲史》等。對於松迪亞塔的子

---

❹　蘇曼古魯從馬利王國擄掠來的御前顧問。
❺　《松迪亞塔》第六五、一三三～一三四頁。

孫後代來說，這部史詩可以激發他們的民族自豪感，以及對英雄祖先在文化乃至血緣上的尋根與認同，昭示他們要像祖先那樣不畏艱險，努力建功立業，以再現祖先昔日的輝煌。

神祕的符號世界

　　為使自己的文化信息得以順利傳承，黑人在充分發揮口頭語言傳承功能的同時，又發展了一系列語言文字以外的文化傳承工具和手段，即非語言文字的傳承方式。世界上有書面語言的社會中，非語言文字的文化傳承方式也存在，如我國古代有「結繩記事」、烽火台傳遞敵情的習慣。但是，由於絕大部分黑人沒有使用文字書寫，他們在非語言文字傳遞文化信息方面就得到了最大限度的發展，形成了包括指意實物、雕刻繪畫、音樂舞蹈、圖騰儀式等在內的表意形式。它們構成一個與語言和文字有相似意義的神祕符號世界。在這個豐富的符號世界裡，黑人傳統的道德意識、倫理規範、宗教習俗等文化信息被轉化成可感知的物質實體或行為舉止，部落生活中的一些重大事件、有突出貢獻的首領和生產經驗遂得以記載。

　　「指意實物」是指某些被賦予特定意義的物體具有同文字符號相似的記載、表述和傳遞信息的功能。它可能是某一種自然物體，也可能是某一件手工產品。例如，在許多黑人部落裡，面具、手杖、椅子和扇羽常被用作家族首領、部落酋長或某一祕密社團的標誌。迦納的阿散蒂人以凳子作為阿散蒂民族精神的象徵；國王擁有的是金凳子，各家族有象徵祖先的普通凳子。在西非尼日河三角洲地區，棕櫚葉有多種為人們所共識的含義：市場上放置於物品之上的棕櫚葉，過往行人儘管與賣

主可能語言不通，但依其放置方式和形狀，便知該物品是否出售以及它的售價。棕櫚葉在這裡起了物價單的作用。部落交往中，有些物品具有十分明確的特殊含義。如送給對手弓箭以示宣戰，送去酒和鹽則表明友好，送辣椒表示的是仇恨對方。在南非布須曼人中，箭有信物之意。小伙子追求意中人之前，都準備一支特別的無毒箭。當他看上其他部落的某個姑娘，就悄悄走近她，對準她的腰部射出那支「愛神之箭」。被射中的姑娘如果面帶怒色，並迅速躲開，就表示她不願意；否則，這樁婚姻就有望了。在剛果河上游地區，未戴銅手鐲的女子表示她未婚。這裡流行「愛神之矛」。當年輕男子看中一個未戴銅手鐲的姑娘時，便叫上同伴，一起到姑娘家裡，當著眾人的面，把他的矛用勁插入地下。如果姑娘同意，就走過去把矛拔起來，這樁婚事就算定下了，此後，這支矛就成了姑娘的信物，一直由她保存。如她對插在地上的矛不理不睬，就表示她看不上這個小伙子。整個過程不需要言語就知結果，這對於那些不善於表達的男女來說，或許是一種很好的方法。在剛果，如在村頭路口兩側的樹上看見各放一個空罐子，外人就知道該村有人生了雙胞胎；樹上有三只罐子，就表示是三胞胎……依此類推。在言語不通又無共通文字的社會裡，人們通過這些符號，無聲然而相通地理解，達到了交往溝通的目的。

在物體上雕刻或畫上某些約定的符號，也可以起到表意的作用。這些符號所表示的內容及意義在一定區域的居民中可被普遍理解。使用較多的約定符號是刻面紋身符號或身體各部位的塗抹符號。西非的約魯巴人、伊格博人等族流行著在面部刺刻條狀花紋的傳統，有的在手背、軀體上也刻出條紋。這些條紋並不僅僅是出於裝飾的需要，還包含一些複雜的識別意義，諸如部落歸屬、社會地位、宗教信仰、戰績功德、家庭狀況

等。當婦女生下第一胎，有的在身上留下某種標記，表示她們已進入成年婦女的行列。喀麥隆的班格瓦人中，婦女是在腹部刻上一些特殊的花紋，作為她們已有家庭的標誌，警告其他男人不要再對她們示愛了。中部非洲，人們在宗教祭祀、歌舞慶典等公共場合，常用白粉和樹木染料塗抹面部和全身，形成花花綠綠的條紋或形狀多樣的圖案，用來傳遞各種信息。在喀麥隆芳族人中間，舞蹈者身上的各種花紋符號記載著他（她）們的身分地位，甚至已經歷過的重大事件。在尼日河三角洲地區，如果某個男人的左眼劃了白粉圈，它可能告訴人們，此人已加入某個祕密社團，或是他將成為部落的首領。

音樂舞蹈本是一種娛樂形式，在黑非洲也被用來傳播、保存和記載文化信息。黑人表演傳統音樂，主要是作為一種社會活動，人們通過它，可以進行社會交流、信息傳遞。樂器在這裡不僅是演奏出能使人賞心悅目的聲音，更重要的是它能以大家聽懂的聲響傳遞特定的文化信息。樂器的聲音在傳遞的空間上比人的語言更加遙遠，但前提條件是必須有嫻熟的演奏技巧。黑人發揮傳遞信息之功能的樂器主要是鼓，由擊鼓人打出節奏不一的鼓聲進行傳遞。在黑非洲許多地區的王宮或部落酋長的居所裡，有專門做此功用的鼓，被稱為「通話鼓」。它如同一個廣播站，可以向四面八方傳播信息，包括通報婚喪信息、誰家生了男孩或孩、有無敵情等等。黑人舞蹈的功能和作用在不同的場合各有不同，有的模仿祭祀、漁獵農耕、戰場搏殺及日常生活，也有的表現一些抽象概念，傳遞十分複雜的內容，如演示部落的歷史，向年輕人傳授生活的經驗，向別的部落表示友好、仇恨、抗議或挑戰等。

宗教祭祀活動中，一些特定的禮儀動作也可以傳承文化信息，包括黑人的信仰、神靈觀、個人的情感和各種觀念等。由

於宗教祭祀活動通常都是集體行動，而且是定期或不定期反覆舉行，使那些特定的動作作為一種被普遍接受的文化符號成為可能。因此，一些黑人部落將宗教祭祀活動演化成保持文化穩定與延存的手段之一，為部落成員表達複雜的內心情感和保持自我心理平衡提供了合適的方式。作為一種大眾可以接受的文化符號，宗教祭祀活動強化了部落成員的群體意識，以及對於自己所屬的文化宗教體系的認同心理，有助於部落社會的穩定和文化的延續。

以上敘述的諸種方式並不是黑人非語言文字傳承文化信息手段的全部，但從中可以看出黑人文化傳播手段的多樣性。它們是黑人口傳文化的補充；尤其是在語言不通的部落之間，發揮著重要的溝通作用。

從圖畫符號到文字

在人類社會早期，黑非洲與世界其他地區一樣，只有語言，沒有文字。由於語言在表達人們的思想、傳遞信息時，要受到民族、時間和空間的限制。為了彌補語言在傳播信息中的這些不足，人們最初設計出一些象形文字和圖畫文字，盡可能參照生活中的物體，用最具體、最真實的方法把有生命的東西、物品和思想形體化。

成千上萬件非洲原始時代的岩石壁畫實際上就是一種圖畫語言，起到了在現實和思想之間作為聯繫之橋樑的作用。因為每件壁畫都可能具有明顯和隱蔽的雙重意義，它不僅是代表某個事物的符號，對某人還可能是一個具有特別含義的符號。許多動物或人的壁畫所具有的含義往往較易被人理解。例如，在

南部非洲常見到刻有獅子的岩畫，因為當地把獅子視為太陽的象徵，把它刻在岩石上，可以使它被初升的太陽照亮。在博茨瓦納的一幅岩畫中，有一群輕鬆活潑的人正用一根繩子牽著動物穿過田野，表示的是他們為求雨而準備去獻祭。某些岩畫中，一間半球形小木屋表達的則是家庭的概念。然而，有些圖畫卻令人難解，人們還沒有找到能閱讀它們的「鑰匙」。例如，在撒哈拉地區的岩畫中，人們不知道畫有兩個腦袋的牛或雌雄兩個軀體、一個腦袋的牛表示什麼意思，也不知道把許多雕刻精美的動物連成螺旋形是何含義。除了動物和人，岩畫中還有很多類似象形文字的符號，如圓圈、波浪形條紋等。有的只是單獨一個圓圈，有的還套著1～3個圓圈，再在四周畫上數量不等的短線條。顯然，它們在當時當地都有某種特殊的含義。但是，由於它們缺少連貫性，沒有發展成人們都能閱讀的文字；尤其是同一幅畫中沒有集中出現，人們還無法一一識讀它們，成為黑人原始文化中一大難解之謎。

儘管如此，在象形文字和圖畫文字的基礎上，黑非洲的某些地區，一些黑人中的文化精英分子還是發展出表意文字和語音文字；即用一些固定的符號進行組合，達到表達人們思想的目的。在黑非洲，屬於這類文字的有瓦伊文、巴蒙文、恩西比迪文等。

瓦伊文最早被外人知曉是在十九世紀三〇年代。它流行於西非賴比瑞亞、塞拉里昂境內的瓦伊族，是一種以記事符號為基礎的音節文字，文字、語音完全吻合。例如，為了表示對敵人取得的勝利，瓦伊人起初是在一塊樹皮上畫一個把雙手舉過頭頂，正在奔跑的男人的圖。漸漸地，這種圖就成了一個能表示勝利和喜悅心情的符號。有時，符號與符號可以連用，表達一個更複雜的概念。如在上圖的旁邊再畫一個小圓點，則表示

逃跑的人很多，是一支被擊潰的軍隊。到十九世紀末，幾乎所有的瓦伊人都認識了這種符號文字，並用它書寫私人信札和官方文件，並記載習慣怯、諺語、故事等。與瓦伊人比鄰的門德人、格爾澤人、巴薩人等，也用瓦伊人的方法創製了本民族的文字。

流行於喀麥隆中部的巴蒙文也是一種象形文字與音節文字的結合體。二十世紀初期，巴蒙王國的國王尼奧亞（一八八五～一九三一年在位）利用在巴蒙人中早已存在的象形文字符號，發明了一套特殊的字母符號。最初共有五一〇個字母符號；經過了四次改革，到一九一八年定型時簡化為九十二個字符。每一個符號既表示一個完整的詞義，又可以表達相應的發音。與瓦伊文不同的是，巴蒙文只限於在王室、酋長等少數人中間使用。尼奧亞國王曾花費多年心血，用巴蒙文編寫了一部巴蒙人歷史和習俗的著作，並主持編寫了巴蒙傳統的醫學處方，整理了一些民間文學作品。

在奈及利亞南部伊格博人居住地和鄰近的喀麥隆埃克伊族居住地，流行的是另一種圖畫文字——恩西比迪文。它於十九世紀末才被外人知曉。當地居民主要用它記載祕密社團的活動，並在寺廟中使用。這套文字由無數個簡化了的圖畫文字符號組成。由於同一種符號在不同的組合中往往又有不同的含義，所以外人理解較困難。

從雜亂無章的圖畫符號發展成有章可循的文字，幾乎是各民族文字形成的定式。在非洲，這種過程雖然只在少數幾個民族中體現出來，形成的時間也較晚，但它表明，黑人在文字表述上的智慧還是能獨立發展的。

吸收外來文化，創製本土文字

　　非洲是一個多語言，也是一個多文字的大陸。在非洲流行的語言除了人們熟知的英語、法語、阿拉伯語外，還有許多黑人的民族語言，包括上文所講的瓦伊文、巴蒙文和恩西比迪文。據統計，黑非洲現有一千多種語言，其中有民族文字或正在形成民族文字的約有五十餘種。它們形成的過程除了從自身的圖畫符號發展而來之外，絕大部分是借用外來文字，將它與本民族的語言相結合，經過一番改造，即本土化後形成的，表明黑人善於接受外來文化中先進的一面，並將它消化吸收為促進自身文化發展的一個動力。

　　在被歐洲殖民化以前，黑人吸收並加以改造的外來文字有古埃及文字、阿拉伯半島南部的薩巴文和阿拉伯文，從中衍生出美羅埃文、阿姆哈拉文、斯瓦希里文、豪薩文和富爾富爾德文等。其中，東北非的美羅埃文形成的時間最早。

　　美羅埃文得名於古地名「美羅埃」。它位於尼羅河第五和第六瀑布之間。公元前五九三～公元三五〇年，它是庫施王國第三個、也是最後一個首都。定都美羅埃後，庫施王國借自埃及人在公文和私人文件中使用的通俗文字，建立了自己的文字體系——美羅埃文。

　　庫施王國與它的北方鄰邦埃及常常是打打停停，並不時進行物質和文化交流，借用埃及人的造字方法自然在情理之中。但庫施人沒有完全套用，他們建立的美羅埃文在意思上已與古埃及文字完全不同。迄今發現的最古老的美羅埃文字是在納蓋以沙納達凱特女王（約公元前一七〇～一六〇年在位）命名的一座大建築物上所刻的銘文。在其它建築物和墓碑上一共已發現了八百多篇銘文。根據已發現的這些銘文看，美羅埃文屬於

一種象形文字，由23個符號組成，分別代表輔音、元音和音節，字與字之間常用另一種符號隔開。由於庫施王國在公元三五〇年被衣索比亞的阿克蘇姆軍隊所滅，庫施文明沒有被延續下來，導致美羅埃文至今還沒有人能識讀，還不能利用那些銘文，對美羅埃時期的庫施文明做進一步的研究，儘管它的前身古埃及文字已被人破譯。

一九〇九年，英國學者格里菲斯取得了美羅埃文研究的重大成果。他找到了美羅埃文音譯的關鍵，從而能把各種碑文分成不同的類型，如向諸神祈禱碑文、向已故宗親祭悼碑文等，還能識別其中一些親屬名和官銜名⋯⋯碑文開頭通常是向已故的國王和自己的祖先祈禱，因而列舉了他們的名字。

通過研究，特別是對冠詞用法的研究，碑文已能被劃分成段，並且發現了一個詞綴體系。但是，很難再進一步辨認，仍然不能翻譯出已發現的八百多個銘文。

到了七〇年代，巴黎美羅埃研究小組根據已音譯出來的碑文，包括它們的詳細分析，運用先進的電腦技術，把美羅埃碑文滙集成《美羅埃銘文滙編》，向譯讀銘文又進了一步。相信在不遠的將來，黑人這個最古老的文字一定能被完全識讀。到那時，庫施文明的全貌將會展現在人們眼前。

滅亡庫施的阿克蘇姆人並沒有繼承其美羅埃文，而是將阿拉伯半島南部的薩巴文發展成阿姆哈拉文。

阿克蘇姆興起於今天衣索比亞北部和厄立特里亞西半部地區。約公元前一〇〇〇年左右，生活在阿拉伯半島南部的薩巴人渡過紅海，來到這裡。他們帶來了新的農業耕作技術（犁耕）和建築風格，也帶來了他們原先使用的薩巴文。在阿克蘇姆發現的這個時期的碑文就是用這種古體字刻寫的。到公元前幾個世紀，碑文的字體已與原來的薩巴文有了很大的區別，表

明阿克蘇姆人已不再是簡單地接收外來文字，而是在消化的基礎上有了新的發展。約公元前二世紀起，薩巴文已被改變得面目全非，完全成為一種新的文字——蓋埃茲文。

到了公元三世紀埃扎納國王統治時，阿克蘇姆又受到印度文字的影響，在聲母體系中加進元音符號，用以表示口語中不同的音調，並開始劃分音節，書寫的方向定為從左向右。同時從希臘文裡引入數字體系和一些主要符號。幾個世紀後，在此基礎上形成了今衣索比亞的官方文字——阿姆哈拉文。

在西非，約當十一世紀，一批通曉阿拉伯文的豪薩上層人士利用阿拉伯字母，並增加了幾個輔助字母，使豪薩語成為一種可書寫的語言。此後誕生了一批豪薩文的編年史和史詩等文學作品，以及一些上層人士的特權證書等。著名的《卡諾編年史》就是其中之一。

豪薩文廣泛吸收了阿拉伯詞彙及後來的英語詞彙，成為西非地區最有影響力的一種文字，現在使用它的國家有奈及利亞、尼日、貝寧、喀麥隆和迦納等。與豪薩文的形成過程相類似的是富爾富爾德文和卡努里文，它們都是借用阿拉伯字母書寫本民族的語言。語言學家有時將這三種語言合稱為阿扎米文字。富爾富爾德文又稱富爾貝文，這種文字留下了一批以宗教詩、史詩等詩歌作品為主的文學作品。

在東非，受阿拉伯文影響產生的流傳最廣、影響最大的文字是斯瓦希里文。現今使用這種文字的國家有坦尚尼亞、肯亞、烏干達、盧安達、布隆迪和扎伊爾等，是非洲大陸三大語言文字之一。它約形成於十二世紀，是東班圖語和阿拉伯語的結合體——以班圖語為基礎，但採用了阿拉伯文字的書寫形式。現已發現的用斯瓦希里文書寫的最早文獻屬於十七、十八世紀。

十九世紀末，當東非地區分別被英國、德國殖民占領後，出於殖民統治和傳播基督教的需要，殖民者開始了對斯瓦希里語的拉丁化過程，即用拉丁字母對它進行注音和拼寫，形成了斯瓦希里語今天的書寫形式。

國家圖書館出版品預行編目資料

非洲的智慧，沐濤、張忠祥 著 -- 初版 --
新北市：新視野 New Vision, 2019.12
　　面；　公分 --
　　ISBN　978-986-98077-8-4（平裝）
1. 文化　2. 民族性　3. 非洲

760.3　　　　　　　　　　　　　108017874

非洲的智慧

沐濤、張忠祥　著

主　　編　顧曉鳴
企　　劃　林郁工作室
出　　版　新視野 New Vision
責　　編　林郁、周向潮
　　　　　電話：(02) 8666-5711
　　　　　傳真：(02) 8666-5833
　　　　　E-mail：service@xcsbook.com.tw

印前作業　菩薩蠻數位文化有限公司
印　　刷　福霖印刷有限公司

總 經 銷　聯合發行股份有限公司
　　　　　新北市新店區寶橋路 235 巷 6 弄 6 號 2F
　　　　　電話 02-2917-8022
　　　　　傳真 02-2915-6275

初　　版　2020 年 01 月